AF453277

RECHERCHES

SUR LA FUSION

DU

FRANCO-NORMAND ET DE L'ANGLO-SAXON

PAR

J.-P. THOMMEREL.

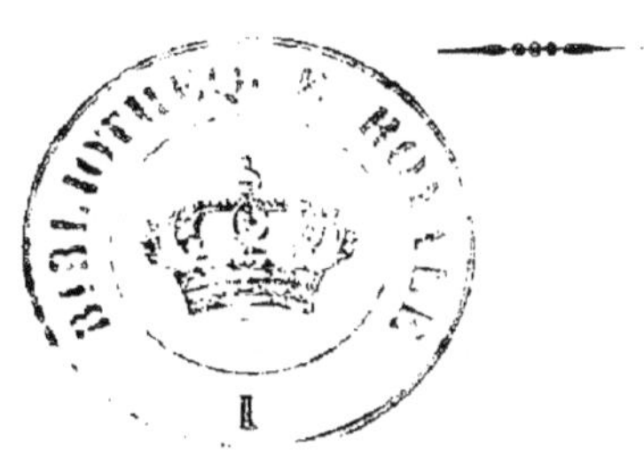

PARIS.

IMPRIMERIE DE BEAULÉ,

RUE FRANÇOIS MIRON, 8.

1840.

INTRODUCTION.

APERÇU

Dans le poëme le plus ancien qui existe en anglo-saxon, dans Béowulf, nous voyons le héros partir du nord de la Germanie, et s'avancer vers le Danemark, à la tête d'une trentaine d'hommes, contre un monstre qui rappelle et surpasse tout ce que la mythologie grecque nous représente de plus terrible. « Qui êtes-vous, » leur demande le Thane préposé à la garde des côtes, « qui êtes-vous, guerriers que protégent des cottes de mailles, et qui êtes venus ici, voguant sur les vagues écumantes de la mer profonde? » Le chef lui répond : « Nous sommes de la race des Géates. »

We synt gum-cynnes
Geáta leóde [1] (v. 517—8).

Telle est l'épigraphe qu'un écrivain moderne a mise en tête d'un ouvrage [2] de philologie assez remarquable sur la langue française, et, la traduisant, ce me semble, avec un peu trop de liberté, il a fait dire, en quelque sorte, à tous les Français : « Nous sommes de la race des peuples gothiques. »

[1] Mot à mot : Nous sommes, *quand à notre race*, peuple des Géates.

[2] M. Mourain de Sourdeval, *Études gothiques*.

Ce que l'auteur avance dans son épigraphe, il cherche à le prouver dans le cours de son livre. Plusieurs écrivains, en examinant les mêmes matériaux, sont parvenus à des conséquences toutes différentes, et ont prétendu prouver que les Français, ainsi que la langue qu'ils parlent, viennent des Celtes, premiers habitants de la Gaule. Les conséquences me paraissent poussées trop loin de part et d'autre, et l'esprit de système a conduit à l'erreur. Essayons de trouver la vérité dans l'examen des faits.

Lorsque César pénètre dans la Gaule, c'est le celtique [1] que l'on parle dans presque tout ce pays, du Rhône à l'Océan, de la Garonne à la Meuse. Ses victoires, les onze cent quatre-vingt-douze mille hommes qu'il tue ou fait tuer, les honneurs que les indigènes obtiennent sous les empereurs qui lui succèdent, établissent et consolident la langue latine dans une grande partie de la Gaule : c'est pendant plusieurs siècles la langue officielle. Le peuple lui-même essaie de la parler dans un idiome où le celtique domine plus ou moins, suivant les localités.

Mais les Francs, dont le langage avait de l'analogie avec celui des Goths, pénètrent à leur tour dans la Gaule. Clovis défait à Soissons le dernier des généraux romains dans ce pays, et finit par étendre sa domination du Rhin aux Pyrénées. Mais, à part la bataille de Tolbiac et celle de Vouillé, il le fait sans grande effusion de sang, et presque uniquement

---

[1] Tertiam partem incolunt qui, ipsorum lingua Celtæ, nostra Galli appellantur. J. César, *de Bell. Gall.* lib. I, cap. I.

Dans le II° siècle, Saint-Irénée, évêque de Lyon, qui écrivait contre les hérétiques de son temps, dit : Orationis artem non exquiris a nobis qui apud Celtas commoramur, et in barbarum sermonem plerumque avocamur. *Prœm. lib. adv. hæres.* etc. Voy. l'abbé de Lacrue, *Hist. des Bardes* [illegible].

par la mort des chefs et des princes ses voisins. L'établissement des Francs dans la Gaule n'a donc pu que modifier la langue et non la changer.

De Clovis à Charlemagne, on ne voit en France aucune de ces invasions qui bouleversent un peuple ; on n'y remarque que des commotions intérieures qui ne font que l'affaiblir : guerres civiles au dedans, paix au dehors. D'ailleurs, et Francs et Gaulois avaient fini par se fondre et s'unir sous la même loi, et surtout sous la même religion, dont le latin était la langue adoptive. Les éléments du français devaient donc être dès-lors, comme ils le sont encore de nos jours, un composé où le celtique et le gothique se trouvaient assez souvent, mais où le latin dominait. Les serments que Louis-le-Germanique et les seigneurs de son armée prononcèrent en 842, peuvent, jusqu'à un certain point, montrer ce qu'était le français d'alors. Toutefois ces serments me semblent prouver moins qu'on ne l'a cru jusqu'ici, puisque les hommes qui les prêtèrent étaient des Austrasiens, des chefs d'armée, et appartenaient, par conséquent, à la classe de ceux au milieu desquels s'était conservé un plus grand nombre de mots latins et germains qu'on n'en devait trouver parmi le peuple, dont la langue est entrée pour beaucoup dans le français actuel.

Mais bientôt de nouvelles invasions vinrent, du moins sur une partie du territoire, retarder les progrès de cette langue : je veux parler des invasions normandes.

En effet, trois ans après ces serments, Charles-le-Chauve se vit attaqué par une armée de *Northmen* qu'il renvoya avec sept mille livres d'argent, au lieu de les chasser avec le fer. Bientôt ces hardis navigateurs, ces audacieux guerriers qui, d'après la Chronique de Saint-Gall, devaient avoir, sous le règne même de Charlemagne, passé déjà le détroit de

Gibraltar, reviennent en plus grand nombre, et répandent
la désolation sur toute la France.

En 885, 40,000 Northmen remontent de nouveau la
Seine, sur 700 barques, assiégent Paris, qu'ils ne peuvent
prendre, grace à la noble constance du comte Eude et de
l'évêque Gauselin. Toutefois Charles-le-Gros ne peut faire
lever le siége qu'en promettant de payer aux assiégeants
7,000 livres d'or, et en leur permettant de ravager et de
piller les bords de la Seine jusqu'en Bourgogne.

Quelques années auparavant (876), un autre Northman
s'était montré à l'embouchure de la Seine. « En ce temps-
là » dit la Chronique de Saint-Denys[1], «vindrent Normans
en France par mer, et entrèrent en Saine a tout cent bayes
(navires). » C'était Hrolf, arrivant d'Angleterre. Banni de
son pays[2], il s'était enfui avec une troupe d'aventuriers, qui
la plupart étaient fugitifs comme lui. Il remonte la Seine et
débarque à Rouen, où le peuple et le clergé, abandonnés
par leurs défenseurs naturels, se soumettent à lui, à condition qu'il les protégera contre d'autres bandes de ses com-
patriotes.

Après différentes entreprises, après des succès mélés de
quelques revers, Hrolf ou Rollon, comme on l'appelle ensuite, fait un traité avec Charles-le-Simple, qui lui cède la
Neustrie (Normandie), à condition qu'il reconnaitra sa su-
zeraineté (911), et se fera chrétien. Trois mille Northmen
sont baptisés avec leur chef.

Quel était le nombre des soldats de Rollon? L'histoire,
ce me semble, ne le dit pas. Cependant on peut le trouver d'une manière approximative. En 885, comme on l'a vu,

[1] Dom Bouquet, tom. VII. pag. 144.
[2] Liquet. *Hist. de Norm.*, t. I. pag. 5.

40,000 hommes viennent, sur 700 barques, assiéger Paris. Chaque barque pouvait donc porter 57 hommes. En 876, dit la Chronique de Saint-Denys, Rollon entra dans la Seine avec cent barques, c'est-à-dire, d'après le même calcul, avec 5,700 hommes environ. Sans doute que, depuis 876 jusqu'à 914, il dut perdre des troupes et faire des recrues. Cependant, si l'on en croit un historien anglais, son armée ne pouvait pas être plus nombreuse ; car on sait que 3,000 hommes seulement furent baptisés avec Rollon, et il dit : « *Most of his companions followed his example* [1]. »

Il a paru étonnant qu'il soit resté en Normandie si peu de traces de la langue danoise, au point qu'à la troisième génération elle était oubliée partout, excepté à Bayeux. Mais l'étonnement doit disparaître, quand on réfléchit au petit nombre des compagnons de Rollon, et quand on songe que ces guerriers, après s'être unis à des Neustriennes, devenaient pour la plupart agriculteurs, lorsque la guerre ne les appelait pas auprès de leur chef, et laissaient à leurs femmes le soin des enfants, qui durent nécessairement parler la langue maternelle. Que pouvaient faire alors quelques milliers d'hommes sur un territoire aussi vaste que la Normandie, au milieu d'un peuple nombreux, si ce n'est prendre la langue qu'ils entendaient parler de tous côtés autour d'eux. Je sais qu'en 945 et en 963, Harold, roi de Danemark, vint, puis envoya secourir Richard de Normandie ; mais les troupes auxiliaires ne restèrent pas toutes dans ce pays, et d'ailleurs, en 963, la plupart des compagnons de Rollon devaient être, comme lui, ensevelis dans la tombe. Seulement on peut dire que, comme les descentes se faisaient généralement dans le Bessin, pays où

[1] Wheaton, *Hist. of the Northmen*, pag. 255.

jadis s'était établie une colonie saxonne [1], le danois qui alors, sans doute, différait peu du saxon, dut se maintenir là plus long-temps que partout ailleurs, et qu'il est tout simple que Richard Ier y ait envoyé ses enfants apprendre la langue de ses ancêtres [2]. Malgré cela, le nombre des mots étrangers conservés dans l'idiome du Bessin est bien petit [3], et semble prouver que le danois n'a pas exercé une action de longue durée sur la langue du peuple, qui est resté surtout celtique et latine.

L'influence romaine se fit beaucoup moins sentir en Bretagne que dans les Gaules.

Lorsque César, vainqueur des Gaulois, fit sa première descente dans le pays des Bretons, il trouva un peuple nombreux [4] qui parlait une langue à peu près semblable à celle de la Gaule [5], et qui était un des grands rameaux de

[1] Grég. de Tours *Hist.* lib. v, cap. 17, appelle les habitants de Bayeux *Saxones Bajocassinos.*

[2] Quoniam quidem rothomagensis civitas romanâ potiùs quam dacisca utitur eloquentiâ, et bajocacensis fruitur frequentius daciscâ linguâ quam romanâ. Dudo, lib. iii, ap. Duchene, pag. 112.

[3] Voir *Contes populaires, préjugés, patois, etc., de l'arrondissement de Bayeux,* par Frédéric Pluquet. Rouen, 1834.

[4] Hominum est infinita multitudo. Cæsar. v, 12. — Παμπληθεῖς λαοὺς Diod. Sicul. v, 347.

[5] Tacite dit en parlant des Bretons: Proximi Gallis et similes sunt .... in universum æstimanti. Gallos vicinum solum occupasse .... sermo haud multùm diversus. J. Agricol. vit., cap. xi. Je sais que, de nos jours, un savant a voulu faire entendre par *haud multùm* plus que Tacite ne dit.

Il fallait que la différence fut grande, dit M. Edélestand du Méril. *Hist. de la Poés. Scandin.,* p. 211, pour être sensible à des étrangers. Mais quand on songe aux modifications que le temps fait subir aux langues, et dont l'américain, comparé avec l'anglais actuel, est un exemple frappant; quand on considère, d'un autre côté, les points de ressemblance qui se trouvent encore, de nos jours, entre le gallois et le bas breton, rien ne me semble ne doit nous porter à exagérer l'opinion de Tacite.

la langue celtique. Ce général commença la conquête de ces différentes tribus qui, plus tard, malgré la bravoure de Caractacus, cet autre Vercingétorix, malgré le courage de Boadicée, reine illustre et malheureuse, ne surent pas se réunir [1] pour repousser l'ennemi, et furent forcées de céder à la tactique des légions commandées par Agricola. Ce pays devint *province romaine*, et paya, par un tribut annuel, la paix dont il jouit jusque vers 448.

Mais alors Rome, attaquée au cœur par les barbares, fut obligée de rappeler à sa défense ses légions des extrémités de l'empire; et la Bretagne, accoutumée à la mollesse d'une vie pacifique, se trouva sans défense contre les invasions des Pictes et des Calédoniens. En vain elle implora le secours d'Aétius; en vain elle lui dit en gémissant [2]: « D'un côté les barbares nous chassent dans la mer, de l'autre la mer nous repousse sur les barbares, et il ne nous reste que le choix pénible de périr sous le fer ou dans les flots. » Le général romain avait autre chose à faire que de protéger un peuple qui ne savait pas se défendre.

Dans cette extrémité, les Bretons envoyèrent demander du secours aux Saxons, race de guerriers terribles [3] dans les combats, qui habitaient le nord de la Germanie; et, en 449, 1,600 hommes commandés par Hengest et Orsa, dont l'origine remontait, dit-on, à Odin [4], vinrent chasser les Pictes

[1] Olim regibus parebant, nunc per principes factionibus et studiis trahuntur. Nec aliud adversus validissimas gentes pro nobis utilius quam quod in commune non consulunt, etc. Tacit. Agr. xii.

[2] *Voy.* Hume, *Hist. of Engl.* Book I, chap. i.

[3] Saxones prae caeteris hostibus timentur. Amm. Marcel. xxviii, p. 520. [...] Jul. Orat. i, *in laud. Const.* p. 34. (*Voy.* Lingard. *Hist. of Engl.* i. 91.)

[4] Heora heretogan waeron twegen gebrothra, Hengest and Horsa. Hi waeron Wihtgilses suna, Wihtgils [...] Witta, Witta Wecting, Wect[...] Wodning, etc. [...]

et les Calédoniens. Bientôt après, leur nombre s'accroissant par l'arrivée de nouveaux Saxons, auxquels s'étaient joints des Angles et des Jutes, tribus voisines, fameuses aussi par leur valeur, ils tournèrent leurs armes contre les Bretons eux-mêmes, dont la plupart périrent sous leurs coups, ou furent refoulés dans les montagnes de Galles, ou dans la province lointaine de Cornouailles.

La Bretagne prit alors le nom d'Angleterre (Engla-land), d'une partie de ses nouveaux habitants qui y importèrent l'anglo-saxon, langue sœur de toutes les langues germaniques, et qui a surtout une grande analogie avec le gothique parlé au IVe siècle, dont il nous reste un beau monument dans le *Codex argenteus*, traduction des évangélistes, par Ulfilas, évêque des Goths, en Mésie.

En 597, le roi Ethelbert fut converti à la foi par l'apôtre Augustin ; et la religion chrétienne, amenant ainsi un changement dans les mœurs saxonnes, en prépara un autre dans la langue nationale.

C'est au commencement du VIIe siècle, qu'on trouve en Angleterre les premiers monuments de l'anglo-saxon [1], si toutefois Béowulf, dont on ignore la date, n'est pas antérieur à cette époque.

Mais vers la fin du VIIIe siècle, les Saxons se voient troublés, dans leurs possessions, par les invasions des Danois, et le roi Alfred, vaincu par eux (878), est obligé de se cacher dans les marais du comté de Somerset, d'où il sort bientôt pour les vaincre et leur imposer la paix.

On dit, qu'avant de livrer bataille aux Danois, Alfred, déguisé en ménestrel (*harper*), entra dans leur camp, et que,

---

[1] *Voy.* Charta anglo-saxonica de J. M. Kemble, esq. — La première charte est de 604, et ne contient que quelques mots anglo-saxons.

les amusant par des chansons saxonnes, il observa leur négligence, et chercha à pénétrer leurs plans ultérieurs. Plus tard, Anlaff, roi de Danemark, déguisé de même, pénétra (937) également dans le camp d'Athelstane, sans être reconnu à son accent ; ce qui prouve que le danois devait peu différer alors de l'anglo-saxon.

Alfred a obtenu, à juste titre, le surnom de Grand. Il fut, en effet, le roi le plus distingué et l'homme le plus savant de son époque. Les traductions qu'il nous a laissées d'Orose, de Boèce, et de l'histoire ecclésiastique de Bède, seront des modèles d'élégance et de bon goût, tant que l'anglo-saxon existera.

En 1002, commença entre l'Angleterre et la Normandie cette alliance qui, 64 ans plus tard, unit ces deux pays sous un chef normand : Ethelred épousa Emma, fille de Richard II; et il eut, de ce mariage, trois enfants, dont l'un fut Édouard, qui, réfugié en Normandie, sous les règnes de Knut et de Hardeknut, ne quitta ce pays que pour aller monter (1042) sur le trône d'Angleterre, où il introduisit, avec la noblesse normande, les mœurs, les coutumes et jusqu'au langage du peuple, avec lequel il était en quelque sorte naturalisé. Ce prince prépara ainsi l'avénement de Guillaume sur le trône anglais, et ces luttes entre deux langues qui, après s'être repoussées, ont fini par se rapprocher, s'unir et donner naissance à une nouvelle langue. Issu de cette union, et allant ensuite puiser aux sources pures de l'antiquité, l'anglais n'a pas tardé à se distinguer par des chefs-d'œuvre, qui ont mis sa littérature au rang des plus belles de l'Europe, et qui me semblent la rendre bien digne qu'on remonte à ses origines.

Pour bien traiter ce sujet, il m'a paru nécessaire de rechercher d'abord ce que nous en dit l'histoire, d'étudier ensuite séparément ces deux langues, dans leurs principes et leur décadence, et d'examiner enfin les lois qui ont présidé à leur union, que plus tard les langues classiques sont venues embellir. C'est-là, en effet, le plan que je me propose de suivre dans ce travail.

ABRÉVIATIONS.

Angl. Sax. Ch. Anglo-saxon Chronicle, by J. Ingram. 7. 1825.

B. Excerpta Historica, by S. Bentley. London, 1831.

Ch. F. Histoire de li Normant, par M. Ch. Figeac.

C. J. The Conquest of Ireland, par M. Fr. Michel.

Hardy. Rotuli chartarum in turri Londiniensi asservati, accur. Th. Dulfus Hardy esq. 1837.

L. G. Lois de Guillaume.

M. de F. Marie de France, édit. de Roquefort.

R. Rymer. Fœdera, literæ et acta publica, nouv. édit.

R. R. Roman de Rou, édit. de Frère.

S. Statutes at Large.

RECHERCHES

SUR LA FUSION DU

FRANCO-NORMAND ET DE L'ANGLO-SAXON.

CHAPITRE I.

JUSQU'À QUEL POINT LES NORMANDS ET LES ANGLO-SAXONS ONT-ILS CONNU LA LANGUE LES UNS DES AUTRES.

Après la bataille d'Hastings, deux langues se trouvèrent usitées concurremment en Angleterre, la langue des vainqueurs et celle des vaincus, le franco-normand et l'anglo-saxon, l'une parlée dans les châteaux par les soldats de Guillaume, devenus grand seigneurs, l'autre dans les chaumières par le peuple asservi. Pendant plus de quatre siècles, ces deux langues subsistèrent ensemble, le franco-normand, pareil à une plante exotique qui, jouissant, sur une rive étrangère, de sa terre et de sa chaleur natives, prospère quelque temps, tandis qu'elle languit et meurt bientôt si on l'en dépouille[1], et l'anglo-saxon, semblable à un

[1] La première, et sans doute la plus grande cause de la corruption du franco-normand, en Angleterre, date, en effet, de la conquête de la Normandie par Philippe-Auguste, de cette époque où les Anglo-Normands ne peuvent plus aller se retremper à la source de la langue natale.

arbre indigène qui, émondé par la hache capricieuse d'un ignorant, et recevant sur plusieurs de ses rameaux des greffes étrangères, malgré cela finit pourtant par répandre autour de lui un vaste ombrage, et par produire des fleurs et des fruits en abondance.

On dit que Guillaume, après sa conquête, essaya d'apprendre l'anglo-saxon [1] : il devait avoir alors quarante-deux ans au moins, et de plus beaucoup de choses sérieuses occupaient son esprit. On conçoit donc facilement qu'il ait fait peu de progrès. On conçoit aussi que les Normands aient favorisé l'étude de la langue de leur pays, qu'ils l'aient même imposée aux Anglo-Saxons; mais ce que l'on s'explique difficilement, c'est qu'ils soient restés si long-temps dans l'ignorance la plus complète de la langue de ce peuple. Ils souffrirent souvent de cette ignorance étrange.

En 1080, les Northumbriens étaient allés en grand nombre adresser à Vaulcher [2], leur évêque et seigneur, d'humbles et pacifiques requêtes. Comme l'évêque ne voulait leur faire droit qu'après avoir reçu d'eux 400 livres d'argent, l'orateur, qui savait le français, demanda à s'entendre là-dessus

[1] Anglicam locutionem plerumque sategit ediscere..... ast à perceptione hujusmodi durior ætas illum compescebat, et tumaltus multimodarum occupationum ad alia necessaria abstrahebat. Order. Vit. l. iv, p. 520.

[2] Je dois la connaissance de ce fait, et de plusieurs autres de ce chapitre, au savant écrivain qui a retracé, d'une manière si brillante, le grand drame de la conquête d'Angleterre.

avec ses amis. Tous s'éloignent donc, comme pour délibérer ; mais tout-à-coup l'orateur s'écrie dans la langue de son pays [1] : « Peu de mots suffisent aux sages ; tuez l'évêque. » L'évêque périt, et avec lui une centaine d'hommes de race française et flamande [2].

Dans la querelle d'Étienne et de Mathilde (1141-2) Robert de Glocester et les autres partisans de cette princesse sont attaqués au siége de Wincester. Robert est pris, et quelques barons ou chevaliers, jetant bas leurs armes [3], se déguisent et cherchent à se sauver ; mais on les reconnaît à leur langage, et on les maltraite. Leur ignorance leur devient funeste, comme elle le fut plus tard, en Sicile, pour d'autres Français qui ne pouvaient prononcer *ceci*.

Une aventure moins funeste, et même assez plaisante, arriva (1191) à un ministre de Richard Ier. Guillaume de Longchamps, chancelier d'Angleterre et maître de toute la puissance royale, en avait abusé pour s'enrichir lui et toute sa famille. Mais se voyant disgracié pour ses malversations, il chercha à s'échapper avec les clefs des châteaux du roi. Il

---

[1] Præcipitanter, patriâ linguâ, dixit : Short red, god ret, slea ye the byshoppe. Courtes paroles, bons conseils. Math. Paris, t. i, p. 10. Aug. Th. *Hist. de la Conq. Norm.*, ii, 230.

[2] On thisum geare (1080, wœs se biscop Walchere ofslagen on Dunholme, œt anum gemote, and an hund manna mid him. Frencisce and Flemisce. Ingram's *Anglo-sax. Chr.*

[3] Omnibus militandi abjectis *insigniis*, pediter et *inhonori* nomen suum et fugam mentiebantur. Gest. Stephani regis, apud script. *Rerum Norm.* p. 959 ; ap. Aug. Th., iii, 54.

se retira d'abord à Canterbury, et de là s'enfuit vers la mer, déguisé en marchande de toile. Arrivé près du rivage, il s'assit sur une pierre en attendant le navire sur lequel il devait s'embarquer. Là, des femmes de pêcheurs, qui passaient, l'abordèrent en lui demandant le prix de sa toile. Le chancelier ne put répondre, ne sachant pas un mot d'anglais[1]. Les acheteuses s'éloignèrent étonnées; mais d'autres survinrent, firent la même question et la renouvelèrent avec plus d'instance. Le chancelier, poussé à bout, se mit à rire pour toute réponse[2]. A ce rire hors de propos, les marchandes crurent avoir devant elles une personne idiote, et soulevant son voile, elles découvrirent un visage d'homme fraîchement rasé[3]. Leurs cris de surprise attirèrent les ouvriers du port, qui, joyeux de trouver un objet de risée, se réunirent à elles, lui ôtèrent son voile, le renversèrent à terre, et le traînèrent ainsi par les manches et par le capuchon[4]. Après ce traitement ignominieux[5], on l'enferma dans une cave obscure, d'où il ne sortit qu'en se faisant connaître aux agents de l'autorité normande.

---

[1] Ille vero non respondebat, quia linguam anglicam prorsus ignorabat, etc., Steph., etc., ap. Aug. Th., IV, 31.

[2] Cumque ille nihil responderet, sed magis subrideret. *Ibid.*

[3] Viderunt faciem hominis . . . . . noviter rasam. *Ibid.*

[4] Et tacta est statim multitudo . . . . . medicum extrahentem de capite peplum, et traxerunt eum prostratum in terram, per manicas et caputium. *Ibid.*

[5] . . . . que modis turpibus et traxit per totam villam et . . . . . . in recondunt eum in loco tenebroso, etc. *Ibid.*

Si les ministres du roi ignoraient ainsi l'anglo-saxon, le roi lui-même, quoique Guillaume, en essayant de l'apprendre, eût donné un exemple à suivre, n'en savait pas davantage, comme le prouve Richard Cœur-de-Lion, le cinquième roi depuis la conquête. Un jour qu'à son retour d'Irlande, il passait par le comté de Pembroke, un Gallois s'approchant lui dit : God holde ye king[1] ! Dieu garde le roi (vive le roi) ! puis lui adressa un discours en anglais. Le roi, qui n'y comprenait rien, dit à son écuyer : « Demande à ce rustre si c'est un rêve qu'il nous conte[2]. »

On ne peut cependant pas dire que les Normands aient toujours été entièrement étrangers à l'usage de l'anglo-saxon. Les documents qui nous restent, et dont il sera question plus tard, sont des preuves du contraire. Mais, d'un autre côté, on peut affirmer aussi que, même au XIIIᵉ siècle, cette langue n'était encore qu'imparfaitement comprise de la haute classe ; et en voici pour preuve la traduction d'une charte de Henri III (17ᵉ année de son règne)

---

[1] J'ai vu ces mots traduits par : *Dieu vous garde, roi*; mais je crois que c'est une faute. *Ye*, pronom, serait ici régime; et, d'après son origine anglo-saxonne, il n'est généralement que sujet. Dans cette phrase il doit, ce me semble, être plutôt considéré comme article, *y* étant une corruption de þ, comme on le voit encore dans une foule d'écrivains du XIVᵉ et du XVᵉ siècle, et *v. g.* entr'autres la *Bibl. de Tindal*, Biblioth. du Roi, où l'on trouve *ye, yt* pour *the, that*. *V. g.* aussi plus bas *ye sone* pour *the sone*.

[2] Rex autem dixit gallice militi qui frenum tenebat : Inquire a rustico illo an hæc somniaverit. Henri Knighton, t. 2, col. 2376, et ed. Selden. ap. Aug. Th. IV. 20.

aux moines de Colchester, expliquant le sens de
certains mots saxons :

« Le roi à ses archevêques, etc.

» Attendu que Richard, jadis roi d'Angleterre,
» notre oncle de glorieuse mémoire, a, par sa
» charte, accordé et confirmé à nos bien-aimés en
» Jésus-Christ, les moines et l'abbé de Saint-Jean-
» Baptiste de Colchester, les libertés et immunités
» que, dans l'idiome anglais, on appelle *frithsokne,*
» *infangenethef* et *flemenefremth;* voulant que le sens
» en soit bien clair pour tout le monde, nous avons
» fait ainsi expliquer ledit anglais, savoir : Frithsokne,
» *rue de franc plege dans l'enceinte de leurs libertés;*
» Infangenethef, *le droit de juger les voleurs pris*
» *dans l'enceinte de leurs libertés avec des objets volés;*
» Flemenefremth, *les bestiaux des fugitifs;* et, ayant
» ratifié et approuvé les susdites libertés et immu-
» nités, nous les avons accordées et confirmées
» aux susdits moines et abbé, avec toutes libertés
» et franches coutumes qui en dépendent pour tou-
» jours [1]. »

M. J.-M. Kemble va encore plus loin. Les Normands, dit-il, ne savaient pas même épeler les
mots ; de là, ils écrivent *griderbryce, friderbryce,*
pour *griðbryce, friðbryce,* leur contraction pour *der*
ayant une ressemblance éloignée avec le saxon ð.
Malmsbury parle de Calle hordas bufam corde,

---

[1] Hardy, *R. Ind. Charl.,* etc, p. xxxvii.

ram and ben corderam ; voulant dire, ealle hordas
bufan eorðan and binnan eorðan [1].

Par une semblable erreur de l'œil[2], Montesquieu[3]
a appelé *coples*, les *coplar* (eorlas) saxons : « Ceux
que les Saxons appelaient *coples*, furent nommés
par les Normands *comtes, compagnons*. »

Les Anglais n'éprouvèrent pas autant de dégoût
pour le franco-normand, ou du moins ils firent
dans cette langue plus de progrès que les Normands
dans l'anglo-saxon. Déjà, sous le règne d'Edouard-
le-Confesseur, les seigneurs saxons, en imitant à la
cour les mœurs normandes, s'efforçaient de parler
la langue qu'on parlait à la cour, *regis ad exem-
plar...* Après la conquête, lorsque le normand devint, en quelque sorte, langue nationale ; lorsque
non-seulement la cour, mais encore le parlement,
les tribunaux, ne parlèrent que le normand ; lorsque, à cette langue des vainqueurs, furent accor-
dés les honneurs et les dignités, et que même elle
devint obligatoire, l'ambition l'étudia, souvent
même la haine. On l'apprit pour s'élever, on l'ap-

---

[1] All hoards (treasures) above earth and within earth, tous les trésors
qui sont sur le sein et dans les entrailles de la terre.

[2] Le r angl. sax. ᵹ, ressemble, comme on voit, à un *p*.

[3] *Esprit des Lois*, l. XXX, ch. XVIII.

Montesquieu cite, à l'appui du mot *coples*, le glossaire des lois anglaises
qui doit aussi avoir fait la faute.

C'est peut être une erreur contraire qui a fait écrire dans la Ch. angl. sax.
1154, et dans Rym., t. i. pag. 378, *ðæs-en* pour *geðeoten*, le r ý res-
semblant un peu au *p*.

prit pour communiquer avec ceux qu'on regardait
comme les ennemis de la patrie, et même pour
tâcher de les renverser. Toutefois la vanité fut
chez eux un plus grand mobile, et ce sentiment
s'étendit jusqu'aux paysans : *rurales homines... ut
per hoc spectabiliores videantur, francigenari sata-
gunt omni nisu*[1].

Il a déjà été question de ce chef de complot, qui,
quatorze ans après la conquête, servit d'interprète
entre l'évêque de Durham et les Northumbriens
qui assassinèrent ce prélat.

Un autre Saxon, qui sut le français aussi bien
que les vainqueurs eux-mêmes, fut Thomas Becket,
l'illustre et malheureux archevêque de Canterbury,
qui, dans des temps de troubles, devint (1174)
martyr de sa foi, consciencieuse à mon avis, mais
peut-être trop raide et trop absolue[2].

À la fin du XIII' siècle, on vit briller un autre
indigène nommé William, ou l'Homme *à la barbe*[3].
Profondément versé dans la jurisprudence, ne le
cédant à personne dans l'art de plaider en langue
française devant les Cours de justice, et parlant
anglais avec une éloquence vive et populaire, il se
dévoua tout entier aux intérêts de la cause saxonne

---

[1] Romulp, *Historia rerum anglicarum, compl. script*, p. 210, éd. Gale.

[2] *Loy.* Hume et Lingard qui semblent avoir resumé tout ce qu'on peut
dire pour et contre ce fameux personnage.

[3] Guilhelmus ... cognomento *à la barbe*, Matth. west monast. *in
Hist.*, pag. 266, ap. Aug. Thierry (H...) t. saxv.

qu'il soutint quelque temps ; mais il périt (1196) bientôt victime de son dévouement à une cause que la parole seule ne pouvait défendre ; et, honoré du nom de martyr [1], il a été regardé comme le dernier des Saxons.

A partir de cette époque, en effet, l'histoire ne nous offre plus aucune lutte sanglante entre les deux peuples. Les Anglais, au contraire, se familiarisent avec les descendants des vainqueurs d'Hastings, les imitent, et commencent ce rapprochement qui, plus tard, eut lieu entre les deux langues.

[1] Cum constet causam martyrem facere, inter martyres videtur merito computandus, (Math. Paris, t. I, pag. 184. Aug. Th. IV. 125.

Idg. Aug. Th. IV., 127.

CHAPITRE II.

La langue franco-normande, usitée en Angleterre, a pris le nom d'anglo-normand.

Il existe un grand monument de cette langue dans les lois de Guillaume; et c'est, ce me semble, le plus ancien que nous ayons. Toutefois je crois que le texte, tel qu'il nous est parvenu, est de beaucoup postérieur à ce conquérant. De plus il renferme bien des anomalies, bien des incohérences dans l'orthographe, et l'on peut même en dire autant de presque tous les documents que nous aurons à étudier. Mais il ne faut pas s'en étonner : ces défauts se sont fait remarquer plus ou moins dans toutes les langues, jusqu'à la découverte de l'imprimerie. « Certains mots anglo-saxons, » dit Webster[1], « sont épelés de quinze à vingt manières

[1] A great portion of Saxon words are written with different letters, by different authors, most of them are written two or three different ways, and some of them fifteen or twenty. Webster *Dict. of the Engl. lang.*, XXIX.

différentes. » « Le mot *eftir,* » dit M. Bergmann [1], « se
trouve écrit sur les pierres runiques de vingt-
huit manières différentes, et dans les monuments
des XIIIe et XIVe siècles, ce même mot se présente
encore sous dix-sept formes diverses. » « Prenez une
douzaine de romans de la Rose écrits à la main, » dit
Pasquier [2], « vous y trouverez autant de diversités de
vieux mots, comme ils sont puisés de diverses
fontaines. » Sur la tapisserie de Bayeux, qui contient à peine la valeur d'une demi-page d'écriture,
on remarque six variantes [3] au nom de Guillaume-
le-Conquérant. Dans les actes publics, celui de
Dugueselin en a plus encore [4], et celui de Shakspeare
n'en a pas moins de quatorze [5]. On ne doit donc pas
être surpris de remarquer, dans les documents qui
seront consultés, des anomalies pareilles, ano-

[1] *Poèmes Islandais,* etc., p. F. G. Bergmann, pag. 41.

[2] *Recherches de la France,* liv. VIII, c. 3.

[3] Nvntii Wilielmi dvcis venervnt ad Widonem. — Vbi nvntii Willelmi....
— Hic venit nvntivs ad Wilgelmvm dvcem. — Hic Willielmvs dvx et exer
citvs ejvs venervnt ad montem Michaelis. — Hic Willem venit Bagias. —
Hic est Wilel.

[4] Glecquin, Gléaquin, Glayaquin, Glesquin, Cleyquin, Claiquin, etc.
M. Michelet, *Hist. de Fr.,* III, 446.

[5] In the council book of the corporation of Stratford, during the period
that John Shakspeare, the poet's father, was a member of the municipal
body, « The name occurs 166 times, under fourteen different modes of
orthography, viz. Shackesper, Shackespere, Shacksper, Shakspere, Sha
kespere, Shaksper, Shakspare, Shakspeyr, Shakyspere, Shakspire,
Shaxspeare, Shaxsper, Shakspere, Shaxpear. *Litt. Gaz. et Lond. and Par
obs. Jan. 5, 1840.*

malies qui souvent serviront pour poser des bases à certaines règles actuelles.

J'ai eu sous les yeux deux textes des lois de Guillaume, celui de R. Kelham [1] et celui de R. Schmid [2]. Le texte de Schmid m'a paru beaucoup plus correct que celui de Kelham, et c'est celui-là que j'ai suivi généralement.

Dans ce recueil, composé de cinquante lois, que je citerai toujours avec le numéro d'ordre, l'alphabet est le même que celui d'aujourd'hui, et les lettres ont le même emploi, sauf les exceptions suivantes :

O, *u*, *ou* semblent se confondre et former un seul et même son approchant de *eu*. Aussi voyons-nous *seignor* (L. 17.), *seignur* (49), *seignour* (45), et *apeleur* (16), *chalangeur* (45) [3], etc

Oi a presque toujours le son grêle de *ei*, à en juger d'après l'orthographe : *Saveir* (introduct.) pour savoir ; *Rei* (1), pour Roi, etc. Cependant on trouve aussi *Roi* (3) et *paroisse* (1), qui probablement se prononçaient à la manière normande actuelle *roé*, *paroéce*, si ce ne sont pas des modifications postérieures.

[1] *The laws of William the Conqueror* by Robert Kelham of Lincoln's Inn. 1779.

[2] *Die Gesetze der Angelsachsen*, von Reinhold Schmid. Leipzig, 1832.

[3] Le Ms. u de la Bibliothèque du Roi *Psalterium cum figuris* XII sæculi, semble employer u de préférence: *faiur* pour *furur*. Ps. VI, troublee ..... mun lit ....., aruserai, etc., *ibid.* et muns... ensurquedut ..... *insuper* Ps. VII

Ch se change quelquefois en *k*; ainsi, dans un endroit, on lit *chascun* (50), et dans un autre *cascun* [1] (13). Il se change aussi en *c* : *Arceresque* (17), *polcier* et *pochier* (13) (pouce), et même en *j*: *Jose* (7), pour chose; et cela n'étonnera pas, si l'on songe à l'analogie qui existe entre ces sons, et que le savant M. Eug. Burnouf a si bien expliquée dans son *Commentaire sur le Yaçna*, p. 83 [2].

Gu et *w* permutent quelquefois entre eux : *Guarant* (25), *warant* (ibid.), *guage* (25), *wage* (6), *guetter* (36), *awcit* (1) [3], etc.

On peut en dire autant de *qu* et de *k* ou *c*:

---

[1] Dans un extrait d'une huile d'Aliberon, évêque de Metz 94e, on lit *choses* et *coses* à une ligne de distance. *Voy. Préf. du Dict.* de Borel.

[2] *Il* est l'aspiration elle-même, qui, devenant plus forte encore, confine à la gutturale : alors c'est le χ grec, le *x* espagnol, le *ch* allemand. Arrivée à ce point, l'articulation *h* prend deux directions différentes. D'un côté, elle devient purement gutturale : c'est le *h* avec ses variétés, en grec, en latin, en français, etc. De l'autre, elle devient *chuintante*, siffle dans l'organe vocal au lieu de s'arrêter à la gorge; et ainsi, le *ch* allemand n'est plus, pour un Français, que *ch* (sch allemand). C'est là que se trouve l'origine de tous les sons sifflants dérivés de l'aspirée forte. En effet *ch* donne *j*, qui, à son tour, engendre *z*, lequel est, de tous les sons sifflants, le plus adouci, en ce qu'il garde le moins de la gutturale, et que, s'il a une très-grande affinité avec un autre ordre d'articulations, c'est avec celui des dentales qui sont incomparablement plus douces que les gutturales. Je rappellerai, pour les personnes qui n'auraient pas songé à observer ces changements de lettres, les essais de prononciation des enfants qui trouvent les dentales avant les gutturales, et *z* avant *j*. Je citerai, en outre, pour faire remarquer les différentes modifications de l'aspiration, les formes que prend dans divers idiomes, le latin, *hortus*, en grec χ [illegible], anc. lat. [illegible], [illegible] d'où le français [illegible], l'allemand, *garten*, l'italien, *giardino*, le français [illegible], qu'un Allemand prononce *chardin*, et un enfant, [illegible].

[3] *Droit provençal* [illegible], quasi à peu [illegible]

Qui (28), *ki* (26), *kar* (38), *queur* (12), etc., et je ne serais pas éloigné de penser que le son de *tch* donné souvent en Normandie à *qu* et à *c*, dans *qui* (prononcé *tchi*), et dans *cœur* (prononcé *tcheur*), fût déjà usité.

Z s'emploie assez souvent pour *s*, et cela d'une manière qui semble capricieuse : VII *vinz liverez* (13), IV *livers* (4), IV *launces* (22), II *launcez* (23), etc.

Ier et *er* permutent fréquemment : *Le dener Seint-Père* (13), pour le denier de Saint-Pierre, etc.; *chier* (11) pour cher, etc.

Il en est de même de *er* et *re* : *altre* (11), *alter* (8), *berbiz* (6), *Livers* (41), *entredit* pour interdit (Hardy)[1].

Les syllabes *an*, *on*, avaient déjà ce son nasillard que l'on reproche encore aux Normands : *Grauntat* (Introd.), *counte* (3), prononcés sans doute comme s'ils étaient écrits *graountat*, *coounte*. Toutefois cette règle souffre des exceptions : *Devant*, *conquest* (Introd.).

Le *l* mouillé, ainsi que le son nasal de *ign*, existe dans les lois de Guillaume : *Baillie* (2), *maille* (29), *cissilled* (38), pour exilé; *Seignur* (3), *deraignet* (25), etc. Cependant, on dirait qu'il y a tendance à les abandonner : *Vailaunt* (18), pour vaillant, *vailant* (ibid.); *Seinour* (34), *seniour* (49), etc.,

---

[1] *Rotuli chartarum in turri. Lond. asservati*, etc., by D. Hardy, esq. Ed. London, 1837. *Charte d'Étienne, archer, de Canterb.* 1215.

ce qui de plus me porterait à croire que le Ms. de ces lois est d'une époque très-postérieure à Guillaume, et que l'original a éprouvé bien des changements, suivant l'usage d'alors et de plus tard.

ARTICLE.

L'article anglo-normand prend diverses formes au singulier masculin :

1° Sujet, *li* et *le*, et même *lui*, peut-être par erreur : *Li arcevesqe* (sic), *arcrad* XL. *solz*, *lui evesques* XX *solz*, *et le baroun* X *solz* (17).

2° Régime, *le*, *l'* et parfois *li* : *Ki renent* (retient ? Kelham) *li dener Seint-Pere, le dener rendra par la justice* (20). *Si alquns crieve l'oil al altre* (21).

De, suivi immédiatement de cet article, se change en *del* et parfois en *du* : *Homme del pleidant* (28). *La justice du roi* (2).

Dans les phrases qui indiquent la possession, souvent on n'exprime pas *de* : *Qui enfraint la pais le Rei* (1) [1]. Il en est de même devant les noms qui ne prennent pas l'article : *Le dener Seint-Pere* (20).

A suivi de cet article se change en *al* : *Les forfaiz le Roi, qui afierent al reseunte* (3).

Cette préposition exprime aussi quelquefois, comme *de*, la possession : *La metted del arcir a Laroun* (31).

L'article fém. *la*, et le pluriel masc. et fém. *les*

---

[1] La même chose existe encore en français dans quelques phrases, telles que *Hôtel-Dieu, Collège Saint-Louis*, etc.

sont invariables : *Ces sount les lois... que William grauntat... apres le conquest de la terre* (Introd.).

SUBSTANTIF.

M. Raynouard[1], et, après lui. G. Fallot[2], ont à peu près posé en principe qu'au XIII° siècle le substantif prenait *s* quand il était singulier sujet, ou pluriel régime, et qu'il ne prenait pas cette lettre s'il était régime singulier ou sujet pluriel, conformément au nominatif et à l'accusatif de *dominus*.

Cette règle, si elle existe dans les lois de Guillaume, est bien peu suivie : *Li reis William grauntat* (Introd.). *Franc home... deit doner le dener Seint-Pere* (18). *Le vilain (arerad)* XL *den.* (17). *Les choses qui sont remises en la nef, seient despertiz...* (38) *Si alquens, u quens (comte), ou provost mesfait as homes de sa baillie* (2). *Pieres le creske de Wincestre* (Hardy).

[1] *Gr. comp. des lang. de l'Eur. lat.*, 1822, et *Observat. philol. et gr. sur le roman de Rou*, 1829.

[2] *Recherches sur les formes gr. de la lang. fr. au XIII° siècle.* Cependant G. Fallot est là dessus bien moins absolu que M. Raynouard qui, pour ne pas s'écarter de son principe, prétend que *Bleaux chères loups*, dans la fable de Lafontaine, liv. IV, f. 16, est au sing. Ce que je ne crois pas, et ce qui, à mon avis, n'en serait pas meilleur ; d'abord parce que le vocatif de *Dominus* n'a pas de *s*, ensuite parce que de bons manuscrits ne suivent pas la règle de M. Raynouard pour le vocatif, tout en le faisant pour le nom, et même pour les autres cas. *Voy. Psalterium cum figuris*, XII *sæculi.* N. Bibl. du Roi, ps. V. *Impii, li felun: Dominus,* li sires: *justorum,* des justes; ps. VI. *Domine, sire: Tu domine,* tu sire; *oculus meus,* mis oilz; *omnes inimici mei,* tut mej enemi, etc. XIII.

ADJECTIF.

La règle de l'accord de l'adjectif avec le substantif est connue, quoique on ne l'observe pas toujours : *La justice de Seinte-Eglise* (20). IV *chiralz enselez e enfremez (les ii)* (23). *Sa baillie* (2). *Ceste franchise* (3). *Si femme est jugee a mort.... ki seit enceintie , ne faced l'um justice, des qu'ele seit delivere* (35). *Pais a Seint-Yglise* (1), etc.[1].

PRONOMS PERSONNELS.

Suj. *Jo* (38), *il* (17), *ele* (35), *nus* (Hardy. 1215), *il* (41). Rég. *Me* (38). *li* (4). *ne le* et *nel* (4). *lui* (12). *li* (4), *se , s'* (16), *sei (ibid.)*. *nous* (43). *nus* (44). *eus* (39). *els* masc. (9).

VERBES.

Les quatre conjugaisons se distinguent par la terminaison de l'infinitif :

1° *Er : Doner* (18). *trover* (4). *amener* (4).

2° *Ir : Venir* (1). *partir* (33).

3° *Eir (oir , er) : Saveir* (Introd.). *savoir* (16), *aveir* (16), *aver (ibid.)*.

4° *Re : Occire* (37). *nuire* (Hardy. 1215).

Le participe présent est en *ant, aunt : jatant* (6) pour jetant, *conuisaunt* (8) pour connaissant.

[1] J'ai fait quelques autres recherches sur les adjectifs *déterminatifs* et sur les verbes, mais les détails m'entraineraient trop loin, et je crois de voir les garder pour un travail plus spécial sur l'anglo-normand, dont j'ai le projet de m'occuper un jour.

32

Le participe passé de la première conjugaison seule a quelque chose de remarquable : il a trois terminaisons : *et*, *ed*, *e* : *Blamet* (50), *apeled* (4), *juge* (39). La terminaison en *et*, étant la plus rapprochée du latin *atus*, doit être la plus ancienne; et la terminaison en *ed*, étant plus douce, a dû servir d'intermédiaire entre celle-là et la forme usitée maintenant.

On peut observer à peu près le même phénomène pour la 3ᵉ pers. sing. du prés. indic. et du prétér. (1ʳᵉ conj.), ainsi que pour le fut. absolu et le prés. du subj. des quatre conjugaisons : *t* la termine ou *d*[1], à moins que le verbe n'ait la forme actuelle :

Ind. prés. *Truret* (37) (trouve) — *apeled* (appelle) (16), *Passe* (5).

Prét. *Grauntat* (Introd.), *achetad* (25).

Fut. abs. *Aurat* (3), *aurad* (5), *serra* (Hardy).

Subj. pr. *S'en escondied* (17), *S'en escondie* (ibid.).

Dans le premier monument de la langue française, dans le serment de Louis-le-Germanique, la 3ᵉ pers. sing. est toujours terminée en *t* : *Dunat*, *fazet*. Il en est de même dans celui des seigneurs germains : *Si Lodhuigs sagrament que son fradre Carlo jurat conservat*[2]...

[1] C. Von Orelli (*Alt-Französische Grammatik*), 185, fait la même observation, mais pour le prétérit seulement : Was die Einheit des *defini* betrifft, so endigte die dritte person ursprünglich in *t*, welches oft in das mol dere *d* überging.

[2] *Si Lodhuigs garde le serment qu'il jure à son frère Charles*, MM. Roquefort et Tissot ont traduit, d'après Bonamy : *Si Louis observe le serment que*

Dans la charte déjà citée d'Étienne de Langton, archevêque de Canterbury (1215), le *t* a disparu ainsi que le *d* : *Semble, puisse,* etc., excepté une fois où l'on a conservé *d* dans le verbe *a* suivi d'une voyelle : *Il ad* [1] *en le arcevisun del creske.* Cette gradation doit donc paraître non-seulement naturelle, mais encore conforme à l'histoire.

son frère Charles lui jure... Ce sens me paraît tout-à-fait erroné, d'abord parce que ce n'est pas à nous *d'observer un serment qu'on nous jure,* ensuite parce que *Carlo* n'est pas sujet, mais régime. M. de Chateaubriand, en traduisant le serment teutonique des seigneurs français, est tombé dans la même erreur, et pourtant le texte allemand qu'il cite à côté (*Voy. Éclairc. sur les Études hist.*), aurait pu facilement la rectifier d'une manière évidente. Il est vrai que ce texte n'est pas très-exact. Le voici toutefois modifié d'après celui de M. Aug. Thierry, lett. XI, *sur l'hist. de Fr.* Oba karl *theu* (l. then), cid then er *sine no* (l. sinemo) bruodher Ludhuwige geswor *gele istit* (geleistit), etc. Du reste, plusieurs savants distingués, et entre autres MM. Villemain et Michelet, l'ont, ainsi que M. Aug. Thierry, traduit de manière à ne laisser aucun doute à ce sujet.

[1] M. l'abbé de Larue dit (*Hist. des Bardes,* etc., t. 1, p. 269): «Le verbe *avoir* veut toujours un *d* à la troisième personne du présent et du prétérit.» Il nous fournit lui-même la preuve du contraire dans une stance à la sainte Vierge, qu'il cite de ce même archevêque (*Voy. Archæol. Brit.* XIII, 230), et qui ne peut être étrangère à ce sujet :

> Bele Aliz matin leva
> Sun cors vesti et para,
> En un verger s'en entra,
> Cink flurettes y truva,
> Un chapelet fet en a
> De rose flurie
> Pur Deu trahez vus en la
> Vus ki ne amez mie.

CHAPITRE III

La littérature anglo-normande fleurit à la fin du
XIIe et au commencement du XIIIe siècle. Mais
ces recherches ont pour objet la langue et non la
littérature ; c'est donc de philologie qu'il faut con-
tinuer à s'occuper.

Mais avant tout, il est bon, ce me semble, de
faire une remarque sur le système de contractions ou d'abréviations qui s'est introduit dans
l'anglo-normand. « Les Anglais, » a dit, je
crois, Voltaire, « gagnent sur nous deux heures
par jour en parlant, parce qu'ils mangent la moitié
de leurs mots. » Cette particularité a commencé
dès le XIIIe siècle (1215), d'abord en faisant
muette une voyelle qui ne l'était pas : *Cardenal*
(Hardy) pour Cardinal ; *Rendez-vos* (B. 1250).
Puis en retranchant une syllabe : *Arter* (St. 1429)
pour arrêter, etc. Ce système est venu, je pense,
de ce que l'accent s'est trouvé, en général, reculé

à la manière saxonne. Ce qui prouve que, dès le commencement du xiiiᵉ siècle, la prononciation du franco-normand n'était plus pure en Angleterre. Les exemples de ces contractions ou abréviations sont nombreux en anglais : *Government, judgment, captain,* etc.

Des quatre syllabes, *o, u, ou, eu,* dont il a été plus haut question, deux seulement semblent vouloir prédominer dans l'orthographe anglo-normande : *o* et *ou;* ainsi *Richemund* (R. 1268) devient bientôt *Richemound* (*ibid.*); ainsi on lit *orgueillox* (R. R. v. 755) et *orgueillour* (M. de F. ii. 408). Mais la prononciation, qui doit en cela être à peu près la même, semble plus souvent se rapprocher de l'*o* actuel que de l'*ou*, comme le prouvent *auctor* (R. R. v. 40), *cort* (St. 1276), *sojorn* (M. de Fr. i, 110), *sovrain* (St. 1420), et *vole-vos* (B. 316)? pour voulez-vous? etc. [1].

Nous avons vu que le son *oi* était fréquemment remplacé en Normandie par *ei*. Mais ce son a quelque chose de peu agréable, surtout quand il est suivi d'une syllabe terminée par un *e* muet, et c'est sans doute pour l'éviter que, dans les mots qui finissent en *oire,* on a, après différents tâtonnements, employé définitivement la forme qui se rapproche le plus du latin. C'est ainsi qu'on a eu

---

[1] Les mots *jeudi* et *peuple*, après différentes variantes, changent à eu et deviennent *jeodi* (R. 1262), et *people* (St. 13..).

musoire (B. 1250 v. 5), et *musorie* (*ibid*. v. 22); *estoire* (R. R. 752), et *estorie* (C. Ir. 3); *memorie* (St. 1290); *notoriement* (St. 1349), etc.

Cette règle s'est étendue aussi à la terminaison en *aire* qui est devenue *arie* : *ordinaires* (R. 1309); *adversarie* (St. 1340); *ordinaries* (*ibid*. 1350); *januaire* (St. 1436); *januarie* (*ibid*. 1467)[1].

Nous avons vu avec quelle facilité on peut passer du *ch* au *c* doux ou *s*, et même au *c* dur, et réciproquement. La permutation de ces lettres en anglo-normand en est une nouvelle preuve. Aussi, avons-nous *Ricemound* et *Richemound* (R. 1268); *Nicole* (passim) pour Lincoln et *Nichole* (R. 1270); *adresser* (B. 1250 v. 7), et *redrecher* (R. 1272); *chastel* et *castiaus* (M. de Fr. I. 98); *ci commenche* et *là commence* (R. R. 750.-2); *Frenceiz* (St. 1368); et *Francheis* (R. R. 111). D'autres, en passant surtout des *s* à *ch*[2], ont éprouvé à la fin une contraction : de là *establissementz* (St. 1275); *stablishementes* (St. 1461), d'où *stablishments*; de là *punissement* (passim), puis *punisshablez* et *punishement* (St. 1433), *punishe* (*ibid*. 1439), et enfin l'anglais moderne *punishment*, etc.

[1] C'est probablement aussi cette prédilection normande pour les sons sourds qui a fait long temps conserver, dans les mots terminés en *age*, la vieille orthographe en *aige* : *D...aiges* R.R. 128.; *F...aiges* M. de Fr. II. 106., etc., dont la prononciation se maintient toujours dans les mots anglais *...age*, *usage*, etc.

[2] Cette tendance au *s* à de *ch* entraîne même les *s* à de *qu* : Li count de Artoise .... *les chel* lequel, 'B. 1250. v. 150-1...

Du reste, cette permutation, dont la Picardie est peut-être le siége principal, existe encore de nos jours en Normandie, souvent d'un village à l'autre, et se trouve fréquemment aussi dans le français du moyen-âge, dans le français usité autrefois en Italie, et même dans les débris de cette langue qui restent en Sicile. Ainsi, aux environs de Falaise, de Bayeux, de Coutances, et à des distances très-rapprochées, on entend, de la bouche du peuple, *sécher* et *séker*, *un chat* et *un cat*, *un chapon* et *un capon*, etc. Dans le roman de la Rose, l'édition de Méon (1814) et celle de 1799 présentent *cive* et *chive* (V. 139), *dessirée* et *déchirée* (V. 217), etc. Dans Turold [1], on lit *blance* et *blanche*, etc.[2] Dans l'*histoire de li Normant* [3], on trouve *Franche* (xciv) pour France, *li Turche* (6) pour les Turcs, *veinchirent*, *cerchera* (*ibid.*) pour vainquirent, cherchera, etc. En Sicile, beaucoup de mots normands,

[1] *Bataille de Ronceraux.*

[2] Dans la *Parabole de l'enf. prod.* en différens patois (*Voy. Mém. sur les antiq. nat. et étrang.*, t. VI, pag. 457 et suiv.), on trouve :

Partache (partage), patois Wallon, Liége.

Partiha (partagea), id. id. Malmédy.

Ch' père (ce père), id. de Cambray.

Eche qui (ce qui), patois de Saint-Omer.

Schon pare (son père), id. Canton de Fribourg.

Dschet (disait), id. Canton des Grisons (Haute Engadine).

Dscheva (disait), id. id. id. (Basse Engadine).

Dans Pluquet, *c'menchit* (commença), environs de Bayeux.

[3] *Ms. de la Bibliothèque du Roi.* M. Champollion Figeac, qui l'a publié, croit, qu'il a été fait, au xiiie siècle, par les moines du Mont-Cassin.

importés surtout sous Charles d'Anjou, et écrits par *ch, sci* ou *ci,* ont gardé le son du *k* ou du *ch* français, entre autres, *lacché, sciarpa, ciarmu, scippari,* etc. [1].

La permutation de *g, gu* et de *w* a été fort rare, et presque sans importance. Ainsi l'on ne trouve guère que les mots *warde* (C. 2999). *sir Wauter* (Fr. Madden, *Archæol.*), *Gauter* (Gautier de Bibelesworthe). Celle de *qu* et de *k* a été plus rare encore. ce me semble, et elle ne présente guère d'autres exemples que ceux qu'on a déjà constatés.

La permutation de *ier* et de *er* se maintient toujours : *Piere* pour père (R. 1307), *chiers sires* (B. 1379) ; mais *er* est beaucoup plus usité, et semble même passé en usage : *Manère* (C. J. 118), *tresorer* (R. 1307). *templer* (R. 1307), *sir Wauter* (Fr. Mad.), *officers* (R. 1421).

Er s'est parfois aussi changé en *re : Watreford* (C. J. 1521), que l'on trouve, au lieu de *Waterford,* dans le même ouvrage (v. 1544). Mais plus souvent *re* se change en *er : Sufferent* (St. 1282). *pernent* (C. J. 231), *meskerdy* (St. 1340), *couerlitz* (B. 1394). *auterment* (St. 1472), etc.

Certains mots terminés en *re* ont remplacé la voyelle par l'apostrophe, ce qui a été un acheminement à la transposition : *Novembr'* (St. 1413);

[1] Je dois cette remarque à M. le duc de Bauffremont, qu'un long séjour en Sicile a mis à portée d'apprécier la langue de ce pays.

et, comme il y a beaucoup d'analogie entre *e* muet et *u*, et même *o* prononcés *eu*, ces deux lettres ont parfois aussi subi cette transposition : *Traïtur* (traître) (C. J. 137), *furment* (froment) (St. 1413).

Ce système a même entraîné dans la première conjugaison des verbes qui appartenaient aux autres. De là, je pense, *receivera* (recevra) (St. 1439), *pursuer* (poursuivre) (St. 1482), etc.

On trouve encore, assez tard dans les statuts (1472), *Petre* (Pierre) ; mais ce mot suit aussi à la fin la tendance générale, comme on le voit dans le mot anglais actuel *Peter*.

Le *l* mouillé qui, dans certains passages des lois de Guillaume, semble commencer à se perdre, disparaît à mesure qu'on avance dans le XIIIe et le XIVe siècle : *Wiliam* (R. 1266), *Doel* (deuil) (B. 1250, v. 1), *travailer* (*Ibid.* v. 88), *mervellus* (C. J. 973), *juylet* (R. 1375), *perilouse* (B. 1379), *Cornerwall* (St. 1472), etc.

L'orthographe de *aun*, *oun*, pour *an*, *on*, est toujours assez fréquente : *graunt* (B. 1250, v. 125), *counsell* (St. 1353) ; mais le son nasal se perd : *Chemine* (chemin) (B. 1250, v. 135), *maine* (main) (*ibid.* v. 153), *champe* (champ) (*ibid.* v. 2449), *mone intencione* (*ibid.* 1379), etc.

On trouve encore, il est vrai, quelques terminaisons en *u* sans *e* muet, telles que *chemins* (St. 1360), *Dyrelin* (C. J. v. 1861), etc. Mais ce sont des *irrégularités* que détruisent les nombreux exemples contraires, et, entre autres, *chemine* (B. 1250) et *Dyvelyne* (C. J. 1855), etc.

Cette règle sur le *n* final s'étend à toutes les autres consonnes, qui finissent par s'articuler distinctement en anglo-normand : *Li Counte de Artoise* (B. 1250, v. 9), *cest escrite* (R. 1263), *prelates* (R. 1275), *le secunde jour d'apprille* (d'avril) (R. 1373), *le dite viconte* (R. 1421), *processes* (St. 1363), *excesses* (R. 1375), etc. Cependant on n'a pas non plus toujours ajouté l'*e* muet, même lorsqu'on le voyait en français : *Le count de Artoise* (B. 1250, v. 17), *just title* (R. 1421), etc. Mais l'anglais actuel me semble prouver que la consonne finale était également prononcée.

Le son nasal de *gn* disparaît aussi peu à peu. D'abord on a ajouté un *i*, d'après la prononciation normande : *Montaigne* (R. 1256), *Alemaigne* (R. 1260), *gaagnier* (R. R. v. 246), comme on le remarque dans *compaignie* (Joinville). Ailleurs c'est *in* qu'on a mis devant *gn* : *compaingnie* (C. J.), comme on peut l'observer aussi dans *gaaingnier* (Ch. F. 268). Plus tard le son de *n*, et celui de *gn* se mêlent, se confondent[1] : *se pleynent* (St. 1327) pour se plaignent, *la roigne* (St. 1331) pour la reine, *Aquitaigne* (St. 1360), et *Montaine* (C. J. v. 2474), *ordinances* et

---

[1] En Normandie, le peuple confond souvent aussi ces deux sons, et prononce, par ex.: *Signer*, comme *siner*, et *semaine* comme *sengaigne*, etc.

ordeignaunces (St. 1378) , *soveraigne* et *sovcraynte*
(St. 1392). Alors , sans doute . le son du *g* dans *gn*
devait être bien confus et bien près de se perdre
comme il l'a fait dans la langue anglaise, quoique ce signe y soit généralement conservé : *Daign,
sovereign,* etc.

Les deux premiers mots que j'aie remarqués, où
le *gn* est changé en *n*, datent de 1250, et se trouvent dans Bentley (*Assault of Massoura*). Ce sont
waine (gagné) (v. 60), et *esparnièrent* (v. 130). Mais
je ne crois pas qu'il y en ait d'autres dans cette
pièce où se lisent *moyngnus* (moignon) (v. 334),
compaingnon (v. 373 et 402), *seingneur* (v. 393
et 418), etc.

Ce n'est guère que vers le milieu du xiv° siècle,
que l'on commence à être frappé du grand nombre
de mots où le *g* a disparu : *Se pleynent* (St. 1327),
gaynerie (St. 1339), *companie* (St. 1353), *ordinance*
(St. 1363), *compainun* (C. J. v. 1905), etc.

Il existe à la Bibliothèque du Roi un manuscrit
sous le n° 1830 ou 1239. M. Le Grand d'Aussi le
croyait du xii° siècle; M. Roquefort , du commencement du xiii°; et M. Robert, conservateur de la
Bibliothèque de Sainte-Geneviève, qui en a publié
quelques fabliaux en 1834, le suppose de la fin du
xiii° siècle. Ce manuscrit contient un fabliau qui
se rattache à ce sujet : *De Duex Angloys et de l'Agnel*
(fol. 47. *verso,* M. Robert, p. 11). Deux Anglais
sont en France : l'un est *malat* (malade); l'autre l

soigne. Le malade se trouve mieux, et il voudrait bien *mangier* (sic) de l'agneau :

> Si tu avez 1 anel cras
> Mi porra bien mengier (sic, ce croi.

Son *companon*, ou *compagnon*, car l'auteur nous donne l'un et l'autre, s'en va lui *chater* (acheter), non un *anel* (agnellus), mais un *aniel* (asinellus?). Il apporte la *bête*, la prépare, et en présente à son ami

> Une des cuisses o le pié
> Et cil l'a volentiers mangié......

Quand il est rassasié, il *esgarde* (regarde) les os qui sont *grans*, et dit :

> « Cestui n'est mie fils behe... »
> « Non, » dit l'autre,
> « Cestui fu filz ihan, ihan. »

Cette mauvaise farce, écrite par un homme, du reste, peu habile critique [1] de l'anglo-normand, prouve qu'alors le son de *gn* avait disparu de cette langue. Mais si j'osais être d'un avis contraire à

[1] Sans parler de *companon* et *compagnon*, dont le dernier est contraire à la prononciation d'*anel* : l'auteur donne à *u*, un double son, dont l'un doit être faux : *Tou des merveilles...... que vole: tu?* Puis il fait prononcer quelquefois *d* et *g*, comme *t* et *c* ; *malat*, *cras*, défaut où peuvent tomber les Allemands, mais jamais les Anglais. D'ailleurs où a-t-il vu cette confusion des nombres : *si tu avez......?* etc.

celui des savants dont je viens de parler, je dirais, d'après ce que j'ai avancé plus haut, que ce fabliau ne peut guère être antérieur au commencement de la seconde moitié du xive siècle.

Quelques mots dérivés immédiatement du latin, tels que *muller* (C. J. 341), *mullier* (*ibid.* 348) et *uxor* (*ibid.* 2999)[1], prouvent que le latin était alors un peu cultivé, mais ce n'est que beaucoup plus tard qu'il a eu une influence prépondérante.

Dans les monuments anglo-normands, la ponctuation est fort souvent négligée, et l'apostrophe est presque inconnue. Ce défaut a contribué aussi à la corruption de la langue. De là, en effet, ces mots qui d'abord semblent des anomalies, et qui pourtant se sont écartés régulièrement du français. Par ex., d'*Hispania* est venu (h) *Espagne*, en anglais *Espayne*, qui, précédé de la préposition *de*, a fait d'*Espayne* (St. 1435). *Despayne* (St. passim), *de Spayne* (St. 1439), d'où vient *Spain*. De *status*, état (estal) est venu le double mot anglais *state*, et *estate*; de *acheteur* est venu le *chatour* (St. 1363)[2].

Mais, s'il s'est opéré tant de changements dans les mots considérés isolément, il n'y en a pas eu

---

[1] *Voy.* aussi *Hist. de li Norm.*, Moillier, Nepote, Soror, pag. 8, etc.

[2] Le même phénomène se remarque aussi en français, dans *mémie*, *maneur*, et en italien, dans *rena*, pour *arena*, et dans *vangelista*, pour *evangelista*. *Voy.* Dante, *Inf.* cant. iii, v. 30, et xix, v. 106 :

Come la rena quando 'l turbo spira....

Di voi pastor s'accorse il vangelista.

beaucoup moins dans la syntaxe ; et, pour preuve, on peut consulter, au Musée Britannique, un manuscrit qui a fait partie de la biblioth. Harl., sous le n° 4971. C'est une grammaire, que je crois du xiiie siècle, et qui a appartenu au monastère de Saint-Edmundsbury. En voici quelques règles :

« *Item* quant vous voilles prier nully, vous pur- » retz dire, *vous prie*, sanz *jeo*, myse [1] » (fol. 1).

« Et sachez quant *jeo* est mys devant le verbes, *ut hic* : *Jeo vous pry*, *jeo maffy*, oustant le *jeo*, escriverez *i* en lieu de *y*, et joignez *e* a lui come *vous prie*, *maffie* » (*ibid.*).

« *Item grant*, quant il serra joynt a la femelle, la *t* tornera en *d*, come *grande pite* » (*ibid.*).

Cette dernière règle prouve du moins le principe de l'accord de l'adjectif avec le substantif.

Voyons comment on l'observe :

En milieu de musorie hy ad (il y a) *vne chemine graunt* (B. 1250, v. 135).

La kristiene gent (*ibid.* 282). *Bon gent* (*ibid.* 285).

La pees meins gardez (St. 1275).

Od tote ses englesche gent (C. J. v. 1632).

La lange [2] *franceis qest trop desconue* (St. 1362).

En 1375, il y eut une trêve entre la France et

---

[1] *Jeo, jo*, et *ço* ont disparu depuis long-temps de la langue française. Voy. Ville-Hardouin, Joinville, etc.

[2] On voit dans cet exemple *g* et *q* non suivis de *u*, contrairement à la règle du ms. cité plus haut : « *Sachez q* (sic) *après q ne qe, u, ne serra pas sone, come quatre querre, littez qatre gere* (sic). »

l'Angleterre. L'acte qu'on envoya de France, et celui qui fut rédigé en Angleterre, se trouvent maintenant à la Tour de Londres (Rot. Franc. 49. Edw. III, m. 16 et 2). Comme ils se ressemblent beaucoup pour le fond, j'en ai extrait quelques phrases, qui peuvent servir à montrer la différence des deux langues.

FRANÇAIS.	ANGLO-NORMAND.
La dite paix.	La dit paix.
De l'une partie et de l'autre.....	De l'un part et de l'autre....
Les choses dessus dites.	Les chosez dessus ditz.

On avait écrit de France, quelques jours auparavant (VIII juin) :

Parmy la tres grande experience et parfaite conissance que nous arons et tenons de roz avisement discretion et leauté, etc.

On a copié dans l'acte anglais :

Parmy la tres grant experience et parfait cognoisance que nous arons et tenons de roz avisement discrecion et loialte, etc.

Mais ce n'est pas seulement dans la copie d'actes français que l'on peut constater de telles *différences,* pour ne pas dire plus. On les remarque même dans des ouvrages littéraires, comme nous le prouve le *Treytyz ke moun sire Gauter de Bibelesworthe fist a ma dame Dyonisie de Mounchensy pur aprise de language,* etc.

Il existe de cet ouvrage deux manuscrits au

Musée Britannique, l'un, manuscrit Arundel.
n° 220, et l'autre, fort incomplet, manuscrit Harl.
n° 490. En voici quelques vers que l'on peut com-
parer entre eux :

Manuscrit n° 220, fol. 297, dorso :

En les paupyrs sont les cyz (*the hers of the eye lide*),
Amount les oys sont les sourcyz (*the browes......*).
Vus avet la levere et le levere (*a lippe and an hare*),
Et la livere et le livere *a pound, a book* .
La levere si en clost les dens
Le levere en boys se tent dedens
La livere sert en marchaundye
Le livere sert en seynt eglise
E le livere nous aprent clergye.

Manuscrit Harl., n° 490, fol. 1 :

    eghelyddes   hares
En les paupers sount les cieus
 above   brewes
Amont les oils sont les sourcices....
        hare   lyppe
Vous avetz le levere le levre
   pund   buke
La lyver auxi et le lyver
 lyppe
Le levre est qenclost les dentz
  heire   woddes within
La lever soi teint en boys dedeinz
 punde servys
La lyver sert a marchandisez
  buke   lerys
Le lyvre nous apprend clargie . . . et

Voilà à quel état était tombé le franco-normand transplanté en Angleterre. Mais, pendant les 400 ans de son existence dans le pays conquis, il subit une autre influence qui contribua à le dénaturer encore davantage, l'influence de l'anglo-saxon, à laquelle je m'empresse d'arriver.

CHAPITRE IV.

Le contact de l'anglo-saxon avec le franco-normand eut un double effet sur cette dernière langue : 1° il modifia la prononciation ; 2° il introduisit de nouveaux mots :

1° Pour ce qui regarde la prononciation, j'en ai déjà parlé en partie dans le chapitre précédent, auquel, ce que j'ai dit, me semble mieux se rattacher, et il ne me reste plus que quelques mots à dire sur l'introduction du *th* remplaçant *s* et même *x* et *c*.

Le premier exemple que j'aie observé de ce phénomène date de 1297 : *Suthdites* (St.). Plus tard, il se multiplie : *Southricounte* (St. 1325), *meuth* pour mieux (St. 1363), *foith* (St. 1403), *abbathie* (St. 1461), etc., etc.

Cependant ce son ne devient pas général, et l'on trouve même, d'après un principe tout opposé, le *th* changé en *ch*, son dérivé de *s* : *Robert Smiche* pour Robert Smithe (C. J. v. 694).

Un phénomène, qui a de l'analogie avec celui-là, se remarque aussi dans le grec et le latin. Ainsi ϑ qui, pour le son, correspond avec le *th* anglais, s'est souvent, en latin, changé en *f* : θήρα, latin *fera* ; θύρα, latin *fores*, etc. De même, en slavon, Θεόδωρος est devenu *Fédor*. Comment expliquer toutes ces apparentes anomalies? cela me semble très-facile.

Nous avons vu, dans le chapitre II, avec quelle facilité on passe du *ch* à l's. Au lieu de *s*, voulez-vous prononcer *th?* placez le bout de la langue près du bout des dents supérieures, et essayez de prononcer *s* ; le son de *th* sortira malgré vous. Au contraire, placez la lèvre inférieure sous les dents supérieures, et c'est le son de *f* qui frappera vos oreilles. J'ai entendu souvent des Français prononcer *Bath* et *thistle*, comme si ces mots avaient été écrits *Basse* et *ficèle*. Les premiers n'approchaient pas la langue des dents supérieures ; les seconds en approchaient la lèvre inférieure.

2° Dans les lois même de Guillaume, on remarque des mots qui appartiennent à l'anglo-saxon, tels que *Hemfare* (1), *sac, soc, sol, tem, infangenethef* (3), *hengwite* (5), *manbote, were* (8), *sarbote* (12), etc. Mais on ne doit pas en être surpris : car on lit en tête de ces lois : *Ces sount les leis et les custumes*

*que li Reis William grauntat a lui le puple de Engle-
terre aprés le conquest de la terre. Ice les meismes que
li Reis Edward tint*[1] *devant lui.*

Ainsi donc ces lois ne sont en quelque sorte qu'une traduction de celles d'Edward, et ces mots n'ont été conservés sans doute que par nécessité.

Ce n'est guère[2] que vers le XIVe siècle, qu'on aperçoit, dans le franco-normand, un mélange de mots anglo-saxons qui deviennent plus nombreux à mesure qu'on avance dans le XVe siècle, par ex. : *Swainmot* (St. 1325), *ferling* pour farthing (St. 1335), *catchpole* (*ibid.* 1350), villes de *Upland* (St. 1363), *husbandrie* (*ibid.*).

Quand on voulut introduire quelque mot anglo-saxon, on le fit d'abord précéder généralement de *appelle* (appelé) ou autre expression semblable :

Ascuns rees (rets) *appellez stalkers* (St. 1388).

Le nouvelle keye autrement appelle le wharf (1397).

Gemes (geines?) pour gaines, appelles *shethes* (sheaths) (1420).

Certains arbres appelez poplers et *wyllughes* (1421).

Les regratours du file appelez *yernchoppers* (1429).

La venelle appelle communement Seint-Martyns *lane* (1463).

---

[1] *Observavit.* promulgated mostly by Canute. *Kelham.*

[2] Cependant on trouve dans un acte de Rhymer, en 1258, le verbe *donner* remplacé par *giver, to give : Nous giccons nos lettres overtes seelees de nostre seel,* etc. We senden gew this writ open iseined with ure seel, etc.

«Notre dit soverain seignur le Roi ad ordeigne qe null merchant... amesne maunde ne convoie... ascuns de cestes *wares* desoutz escritez... laces corses ribans frenges de soie... aundirons gridirnes... marteus vulgarement nommez *hamers* pinsons *firetonges drepyngpannes dises* (dice) tenys balles... *daggers rodeknyves botkyns sheres* pour taillours... cisours rasours *shethes*... agules pour sacs vulgarement nommez *paknedles*.... aucus de coper.... chauffing*dishes*...chauffyngballes sackering *belles*... *ladels*...scomers...*hattes*...blanc file de fer vulgarement nome *whitewire* (1463), etc.»

Diverses draps lanutz appelez *brode set clothes*, *streit set clothes* (1468), etc.

Ou bien on mit, à côté l'un de l'autre, le mot français et le mot anglais :

Port *harene* ou crike (St. 1400).

Les tonnels pipes tercians et *hoggeshedes* de vin (*ibid.* 1439).

Wherwes et keyes (1442), *wharres* (*ibid.*).

Fraternite *gilde* compaignie ou *felesheppe* (fellowship) (1461).

Cordewainer ou *cobeler* (cobler) (1464).

Signe ou *token* (1468).

Destruction del vivre *livelode* (livelyhood) (1472), etc.

Cependant on ne fut pas toujours si scrupuleux à ce sujet :

Carpenters tilers *thakkers* (thatchers) (1423).

Commissions de *sewers* (1427).

Les estatuitz *rehersez* (rehearsed) (1437).

Lanutz morlyng et *shorlyng* (1463).

Throwen ribans. Occupiers de *husbondrie* (*ibid.*).

Divers *chaffres* et *wares* (*ibid.*).

Les draps lanutz appelez *brode cloth....* serra mys a vend après plein enewance (*watering*) *rakkyng streinyng* ou tenturyng (1464).

Beddes del *mesne* assise (1467).

Grande escarcite de *bowe staves* (1468).

Fesure *whytyng* et anelyng de tewle (*ibid.*), etc.[1].

Après avoir parcouru les deux chapitres précédents, quand on lit ces exemples de la dégradation de l'anglo-normand, en y comprenant les poésies françaises de Gower , poésies plus obscures et moins régulières que celles du XIIIe siècle, peut-on s'étonner que cet écrivain célèbre ait *demandé pardon* [2] d'écrire en français? Et pourrait-on ne

---

[1] La syntaxe anglo-saxonne n'eut, ce me semble, pas d'accès dans le franco-normand , à moins que l'on ne considère comme importation saxonne, ce vers de la conq. d'Irlande :

    Par le rei commandement, v. 84,

ce dont je doute quand je lis dans Audifroy-le-Bastard :

    En son pere l'ergier (Belle Idoine),

d'autant plus que ces deux phrases pourraient bien s'expliquer par les premiers mots du serment de Louis-le-Germanique : *Pro deo amor*.

    [2] Si jeo n'ai de françois la faconde,

    Pardonetz moi qe jeo de ceo forsvoie

    Jeo suis Englois : si quier par tiele voie

    Estre excuse... (*Illustr. of the lives and writings* of Gower and Chaucer, B. the Rev. H. Todd, 1810, p. 99).

pas approuver le plus grand poëte de la même époque. Chaucer, se moquant de ceux qui parlent français à la manière de Stratford-le-Bow [1], et non comme on parlait à Paris? Aussi cette langue qui, en 1362, avait encore assez de vie pour qu'une ordonnance [2] seule pût la bannir des tribunaux, s'éteignit-elle, en 1483, dans le parlement britannique, sans que le moindre édit révélât qu'elle avait cessé d'exister. L'anglo-saxon reprit alors sa place d'autrefois; mais combien il était changé! C'est ce que j'essaierai de montrer dans les chapitres suivants.

[1] Ther was also a Nonne, a Prioresse,
That of hire smiling was ful simple and coy;....
And frenche she spake ful fayre and fetisly,
After the scole of Stratford atte Bowe,
For frenche of Paris was to hire unknowe.
Cant. Tal. 118 etc.
[2] *Loy. Statutes at large.* T. 1, p. 311.

CHAPITRE V.

PRINCIPES DE L'ANGLO-SAXON.

La question des principes et de la décadence de l'anglo-saxon, depuis Guillaume-le-Conquérant jusque vers Henri VIII, serait digne de la plume d'un savant tel que J. Grimm, B. Thorpe ou J. M. Kemble ; et je craindrais de passer pour téméraire en touchant à un sujet aussi vaste et aussi important, si je ne pouvais ajouter que c'est entouré de leurs ouvrages, et, en quelque sorte, guidé par eux que j'ai entrepris cet essai [1].

Pour bien voir ce qu'est devenu l'anglo-saxon depuis la conquête, il faut savoir ce qu'il était alors.

---

[1] Je me plais à nommer ici, particulièrement, mon savant ami J. M. Kemble, Esq., qui a mis généreusement à ma disposition ses vastes connaissances du gothique et de l'anglo-saxon, et les curieuses recherches qu'il a faites sur ces deux langues.

surtout dans la partie qui a éprouvé le plus de changements, dans le système de déclinaisons et de conjugaisons. Mais, comme l'anglo-saxon trouve de grands éclaircissements dans le gothique, il sera bon, ce me semble, d'en établir aussi les principes, de manière à montrer l'analogie qui existe entre ces deux langues.

DÉCLINAISONS GOTHIQUES DES SUBSTANTIFS.

Les déclinaisons gothiques se divisent en fortes et en faibles, pour les trois genres.

Les déclinaisons fortes ont, pour chaque genre, quatre modèles, que l'on distingue par la voyelle caractéristique de l'accusatif pluriel.

Cette voyelle, pour le premier modèle, est *a* : *Fisk-a-ns* ; pour le deuxième, *a* précédé de *j* : *Har-j-a-ns*; pour le troisième *u* : *Sun-u-ns*; et, pour le quatrième, *i* : *Balg-i-ns*.

Les déclinaisons faibles qui, pour les trois genres, ont la caractéristique du premier modèle des déclinaisons fortes, ont généralement pris un *n* avant l'inflexion qui souvent a disparu.

Les substantifs gothiques féminins, forts ou faibles, et les neutres faibles ont changé en *o* la caractéristique *a*.

Les déclinaisons anglo-saxonnes sont bien moins variées dans leurs terminaisons que les déclinaisons gothiques; la caractéristique a été aussi

plus souvent modifiée. Voici le tableau des déclinaisons des deux langues :

MASCULINS FORTS.

Gothique.

		NOM.		GEN.	DAT.	ACC.
1re.	S.	Fi-k s	*Poisson,*	-i-s	-a	—
	P.	Fisk ò s	*Poissons,*	-ò	-a m	-a-ns.
2e.	S.	Har-j i-s	*Armée,*	-j i-s	-j a	-i.
	P.	Har-j-ō-s	*Armées,*	-j-ò	-j a-m	-j a-ns.
3e.	S.	Son-u-s	*Fils,*	-a-u-s	-a-u	-u.
	P.	Sun-j-u-s	*Fils,*	-i-w-e	-u-m	-u-ns.
4e.	S.	Balg-s.	*Ventre,*	-i s	-a	—
	P.	Balg ei-s.	*Ventres,*	-ò	-i-m	-i-ns.

Anglo-Saxon.

		NOM.		GEN.	DAT.	ACC.
1re.	S.	Fisc	*Poisson,*	-e-s	-e	—
	P.	Fisc a-s	*Poissons,*	-a	-um	-a-s.
2e.	S.	Her-ë	*Armée,*	-ë-s	-ë	-ë.
	P.	Her-ë as	*Armées,*	-ë s	-ë	-ë.
3e.	S.	Sun-u	*Fils,*	-a	-a	-a.
	P.	Sun-a	*Fils,*	-a	-um	a.
4e.	*Pas de singulier.*					
	P.	Lëod-e	*Peuple,*	-a	-um	-e.

FÉMININS FORTS.

Gothique.

		NOM.		GEN.	DAT.	ACC.
1re.	S.	Gib-a	*Don,*	-ò-s	-ai	-a.
	P.	Gib-ò-s	*Dons,*	-ò	-ò-m	-o-s.
2e.	S.	Thiw-i	*Servante,*	-j ò-s	-j-ai	-i.
	P.	Thiu-j ò-s	*Servantes,*	-j ô	-j-ò m	-j-ô-s.
3e.	*Comme le 3e masc.*					
4e.	S.	Anst s	*Grâce,*	i-n-s	-ai	—
	P.	Anst-ei s	*Grâces,*	-e	i m	-i-ns.

Anglo-Saxon.

		NOM.		GEN.	DAT.	ACC.
1re.	S.	Gif-u	*Don,*	-e	-e	e.
	P.	Gif-a	*Dons,*	-a (ena)	-um	-a.
2e.	S.	Athel-o	*n. p.*	-o	-o	-o.
	Pas de pluriel.					
3e.	*Passée, dans le 4e féminine.*					

		NOM.		GÉN.	DAT.	ACC.
4e.	S.	Dœd	*Action,*	-e	-e	-e.
	P.	Dœd-a	*Actions,*	a ena) -um		-a.

NEUTRES FORTS.

Gothique.

		NOM.		GÉN.	DAT.	ACC.
1re.	S.	Waúrd-	*Parole,*	-i-s	-a-	—
	P.	Waúrd-a	*Paroles,*	-ê	-a m	-a.
2e.	S.	Reik-i	*Royaume,*	-j-i-s	-j a	-i.
	P.	Reik-j-a	*Royaumes,*	-j-e	-j a-m	-j-a.

Anglo-Saxon.

		NOM.		GÉN.	DAT.	ACC.
1re.	S.	Word	*Parole,*	-e-s	-e	—
	P.	Word	*Paroles,*	-a	-um	—
2e.	S.	Ric-e	*Royaume,*	-e s	-e	-e.
	P.	Ric-u	*Royaumes,*	a	-um	-u.

MASCULINS FAIBLES.

Gothique.

	NOM.		GÉN.	DAT.	ACC.
S.	Han-a	*Coq,*	-i-n s	-i-n	-a-n.
P.	Han-a-n-s	*Coqs,*	-a-n-ê	-a-m	-a-ns.

Anglo-Saxon.

	NOM.		GÉN.	DAT.	ACC.
S.	Han-a	*Coq,*	a n	a n	-a-n.
P.	Han-a-n	*Coqs,*	-en-a	um	-a-n.

FÉMININS FAIBLES.

Gothique.

	NOM.		GÉN.	DAT.	ACC.
S.	Tugg-ô	*Langue,*	-ô n-s	ô n	-ô-n.
P.	Tuggô-n s	*Langues,*	-ô n	-ô-m	-ô-ns.

Anglo-Saxon.

	NOM.		GÉN.	DAT.	ACC.
S.	Tung-e	*Langue,*	-a n	-a-n	-a-n.
P.	Tung-a n	*Langues,*	en-a	um	-a-n.

NEUTRES FAIBLES.

Gothique.

	NOM.		GÉN.	DAT.	ACC.
S.	Hairt-ô	*Cœur,*	-i-n s	i-n	-ô.
P.	Hairt-ô-n-a	*Cœurs,*	-ô-n-ê	a-m	-ô-n-a

Anglo-Saxon.

	NOM.		GÉN.	DAT.	ACC.
S.	Eag-e	Œil,	-a n	-a-n	-e
P.	Eag-a-n	Yeux,	-en-a	-um	-e-n [1].

DÉCLINAISONS DES ADJECTIFS.

Il y a aussi, en gothique et en anglo-saxon, deux formes de déclinaisons pour les adjectifs : la forte et la faible, qui s'emploient, comme en allemand, la forte dans un sens indéfini, et la faible dans un sens défini.

Il y a, pour les adjectifs, deux modèles de déclinaisons fortes, qui ressemblent, pour les trois genres, aux deux premiers des substantifs, sauf certaines modifications que le temps sans doute a apportées à ces derniers.

SINGULIER.

	Gothique.			Anglo-Saxon.		
	M.	F.	N.	M	F.	N.
N.	Blind-s.	Aveugle, -a,	-a ta.	Blind.	-u , —
G.	Blind-is,	— -áizôs,	-is.	Blind-es,	-re, -es.
D.	Blind-amma.	-ái,	amma.	Blind-um.	-re, um.
Ac.	Blind ana,	-a,	-ata.	Blind-ne,	e, —

PLURIEL.

	Blind-ái.	— -ôs	a.	Blind e,	e. -u.
N.	Blind-ái.	— -ôs	a.	Blind e,	e. -u.
G.	Blind-áizê.	-áizô, -áizê.		Blind-ra.	-ra -ra.
D.	Blind áim,	-áim. -áim.		Blind-om.	-um, -um.
Ac.	Blind-ans,	-ôs. -a.		Blind-e.	e, -u.

Dans les monosyllabes anglo-saxons qui ont *æ*, cette diphthongue se change en *a*, quand l'in-

---

[1] Quelques substantifs adoucissent la voyelle radicale, les uns au datif singulier : Bróthor, dat. Bréther ; *fót*, dat. sing., nom. et acc. pl., *fét*, id. *bóc*, *bec* : *cú*, *cy* : *lûs mûs*, *lys*, *mys*, etc. *Voy.* J. Grimm, 1, 647.

— 59 —

flexion n'est pas en *ne*, ou en *ra*, *re* : *Hwat*, vif,
smæl, petit, etc. (J. Grimm, I. 734.)

Le second modèle ressemble au premier, sauf
l'insertion d'un *j* qu'on a déjà vu en gothique. On
ne le retrouve guère, en anglo-saxon, que dans le
nom. sing. *Grënë*, vert ; encore est-il bien modifié.

Les adjectifs faibles ou définis se déclinent,
pour les trois genres, sur les modèles de déclinaisons faibles : *hana*, *tuggô*, *hairtô*, etc.

Le comparatif anglo-saxon se forme en ajoutant
ra, *re*, *re*, au positif : *Blind-ra*, *Blind-re*, *Blind-re*.
Il n'a que la déclinaison faible.

Le superlatif, au contraire, a les deux genres de
déclinaisons, et se forme en ajoutant au positif *est*
ou quelquefois *ost*, dans le sens indéfini, et *esta*,
este, *este*, dans le sens défini, etc. [1].

PRONOMS PERSONNELS.

1re PERSONNE.

Gothique.

	NOM.		GÉN.	DAT.	ACC.
S.	Ik,	je,	meina,	mis.	mik.
Dl.	Wit,	nous deux,	ugkara,	ugkis.	ugkis.
Pl.	Weis,	nous.	unsara,	unsis,	unsis.
				uns,	uns.

Anglo-Saxon.

	NOM.		GÉN.	DAT.	ACC.
S.	Ic,	je,	min,	me,	mëe.
					më.
Dl.	Wit.		uncer,	unc,	unc.
Pl.	Wë,		user,	ûs,	usic.
			ûne.		ûs.

[1] On distingue plusieurs comparatifs et superlatifs irréguliers, entre
autres *god* (*gut*), bon (bien), *betre* (*bet*, *bets*, *betest*, *that betste*), *yfel*
(*Yfele*, mauvais, *wyrse*, *wyrs*, *wyrst*, *wyrsest*, *wyrreste*. *Micel* (*mycel*),
beaucoup, *mare* (*mâ*), *mæst*, *mæste*; *lytel*, petit, *læsse* (*læs*, *last*, *laste*, etc.

2ᵉ PERSONNE.

Gothique.

	NOM.		GÉN.	DAT.	ACC.
S.	Thu,	*tu*,	theina,	thus,	thuk.
Dl.	Jut?	*vous deux*,	igqwara,	ïgqwis,	ïgqwis.
Pl.	Jus.	*vous*.	ïzwara,	ïzwis,	ïswis.

Anglo-Saxon.

	NOM.	GÉN.	DAT.	ACC.
S.	Thu,	thïn,	thë,	thëc.
				(thë).
Dl.	Git,	incer,	inc,	inc.
Pl.	Gë,	ëöwer,	ëöw,	ëöwic.
				(ëöw).

3ᵉ PERSONNE.

Gothique.

	NOM.		GÉN.	DAT.	ACC.
S. M.	Is,	*il*, etc.,	ïs.	imma,	ïta.
Pl.	Eis.	*ils*, etc.,	ïzê.	ïm,	ïns.
S. F.	Si,	*elle*,	ïzôs,	ïzái,	ïja.
Pl.	Ijôs,	*elles*,	ïzô,	ïm,	ïjôs.
S. N.	Ita,	*il*, *elle*,	ïs,	imma,	ita.
Pl	Ija,	—	ïzê,	im.	ïja.

Anglo-Saxon.

	NOM.	GÉN.	DAT.	ACC.
S. M.	Hë,	his.	him.	hine.
Pl.	Hi.	hira,	him,	hi.
S. F.	Heô,	hire.	hire,	hi.
Pl.	Hi.	hiva,	him,	hi.
S. N.	Hit.	his.	him,	hit.
Pl.	Hëö,	hira.	him,	hëö.

Les pronoms possessifs se forment du génitif des pronoms personnels. *meina*, *min*, etc., déclinés sur le modèle des adjectifs forts.

PRONOMS DÉMONSTRATIFS.

1° sa, sò, thata; së, séó, thæt, *ce*, *cet*, *le*, *la*; 2° his, hija
hita; thes, theós, this, *celui-là*, etc.

Gothique.

1° S   nom. m. f. n. sa, só, thata. G. this, thizòs, this.
    D.   thamma, thizài, thamma. Ac. thana, thò. thata.
    P. N. thái. thòs thò. G. thizé. thizò thizé.
    D.   tháim, tháim, tháim. Ac. thans, thòs, thò.
2° S. N. bis, hija? hita. G. his, hizòs. his.
    D.   himma. hizái. himma. Ac. hina, hija, hita.
    Pl.   heis, hijòs. hija. G. hizé, hizò, hizé.
    D.   him, him, him. Ac. hins, hijòs hija.

Anglo-Saxon.

1° N. S. së [1], séó, thæt. G. thaes, thaere, thaere.
    D.   thám thaere. tham Ac. thone. tha, thæt. Ab. m. n. thy.
    Pl.   m. f. n. nom. tha. G. thara.
    D.   tham. Ac. tha.
2° N. S. thës, theós, this. G. thises. thisse. thises.
    D.   thisum. thisse, thisum. Ac. thisoe. thàs. this.
    Pl.   m. f. n. nom. thàs. G. thissa.
    D.   thisum Ac. thâs.

PRONOMS INTERROGATIFS.

Gothique.

Hwas, *quis*, hwò, hwa — hwis, hwizòs, hwis — hwamma,
hwizái, hwamma. - hwana, hwò, hwa.
Hwathar, hwathara. hwathar *uter*.

Anglo-saxon.

M. n. hwa, hwæt, — hwaes, hwaes, — hwam, hwam,
— hwone, hwæt.
Abl. hwy, hwy, *pas de féminin ni de pluriel.*
Hwæter se décline comme les adjectifs forts.

Il n'y a pas, dans les langues teutoniques, de
pronom relatif. On le remplace en anglo-saxon par
les pronoms interrogatifs hwa, hwyle (*who, which*).

---

[1] Le pron. angl.-sax. së, est plus tard devenu l'article défini *the.*

VERBE.

En gothique et en anglo-saxon, les conjugaisons se divisent aussi en fortes et en faibles.

Il y a, en gothique, douze conjugaisons fortes, dont les quatre premières forment leur prétérit en prenant *ai* devant le verbe, et en redoublant la consonne ou les consonnes qui le commencent. Les deux suivantes ont le même redoublement, et de plus changent en *ô* les voyelles du radical. Les six autres ne font que changer la voyelle du radical.

L'anglo-saxon n'a conservé qu'une seule forme du redoublement gothique, *heht*, appelé, de *hatan*, et généralement la contraction *eô*: *Blâwe*, *Blëôw*, etc.

Voici le tableau des modifications que ces conjugaisons éprouvent dans les deux langues.

	Gothique.				Anglo-Saxon.			
	PRÉS.	PRÉTÉR.	PRÉT. PL.	PART. PASS.	PRÉS.	PRÉT. S.	PRÉT. PL.	P. PA.
I.	a	ai a	bi a	a	eá	eó	eó	eá
II.	ái	ái ái	ái ái	ái	á	eô	eo	á
III.	áu	ai áu	ai áu	áu	eá	eô	eô	eá
IV.	ô	ai ô	ái ô	ô	æ	ô	ô	æ
V.	ái	au ô	ái-ô	ái	á	eô	eô	á
VI.	ô	ai ô	ái-ô	ô	MANQUE			
VII	a	ô	ô	a	a	ô	ô	a
VIII.	ei	ai	i	i	i	á	i	i
IX.	i	au	u	u	eô	eá	u	u
X.	i	a	ô	i	e	æ	æ	e
XI.	i	a	ô	u	e	æ	æ	e
XII.	i	a	u	u	e	eá	u	o

EXEMPLES.

Gothique.

	IND. PRES.	PRÉT. SING.	PRÉT. PL.	PART. PASS.
I.	salta, *danser.*	sáisalt,	sáisaltum,	saltans.
II.	háita, *appeler.*	háiháit,	háiháitum,	háitans.
III.	stáuta, *frapper.*	stáistáut,	stáistáutum,	stáutans.
IV.	slépa, *dormir.*	sáizlép.	sáizlépum,	slépans.
V.	láia, *semer.*	láilò,	láilôum,	láians.
VI.	gréta, *pleurer.*	gáigròt,	gáigrôtum,	grétans.
VII.	saka, *lutter.*	sôk,	sôkum,	sakans.
VIII.	keina, *germer.*	káin,	kínum,	kinans.
IX.	hiufa, *pleurer.*	háuf,	hufum,	hufans.
X	giba, *donner.*	gaf,	gébum,	gibans.
XI.	nima, *prendre.*	nam,	némum,	numans.
XII.	hilpa, *aider.*	halp,	hulpum,	hulpans.

Anglo-Saxon.

	IND. PRES.	PRÉT. SING.	PRÉT. PL.	PART. PASS.
I.	fëalle, *tomber.*	fëol,	fëollon,	fëallen.
II.	swápe, *balayer.*	swëop,	swëopon,	swápen.
III.	hleápe, *sauter.*	hlëôp,	hlëôpon,	hleápen.
IV.	slæpe,	slêp,	slêpon,	slæpen.
V.	bláwe, *souffler.*	blëòw,	blëòwon,	bláwen.
VI.	—	—	—	—
VII.	sace,	sôc,	sôcon,	sacen.
VIII.	bíde, *attendre.*	bàd,	bidon,	biden.
IX.	crëôpe, *ramper.*	creáp,	crupon,	cropen.
X.	swëfe, *dormir.*	swæf,	swæfon,	swæfen.
XI.	stele, *enlever (voler).*	stæl,	stælon,	stolen.
XII	hélpe,	hëalp,	hulpon,	holpen.

CONJUGAISONS FAIBLES.

Les conjugaisons gothiques faibles forment le prétérit et le participe passé, en ajoutant au radical *da* et *ths*, précédé de *ai*, *i*, *o* : *hab-a* (habeo), prét. *hab-aida*, part. passé *hab-aiths; nas-ja* (salvo), *nas-ida*, etc ; *salb-o* (ungo), *salb-oda*, etc. De là, trois conjugaisons.

En anglo-saxon, les deux premières de ces conjugaisons se sont confondues, et ont changé *aida*, *aiths; ida, iths*, en *ëde*, *ïd* ; la troisième a conservé l'o : prétérit, *ner-ëde*, *scalf-ode;* participe passé *ner-ïd, scalf-od*.

Quelquefois *e* ne se met pas devant *d* : *alys-e,* (redimo), *alysde, alysed*.

D précédé d'une muette forte se change en *t* ; et s'il est précédé de deux consonnes, on en retranche une : *Dyppe* (mergo), *dypte, dypt*, etc.

Les verbes gothiques et anglo-saxons n'ont que le présent et le prétérit, ou imparfait de l'indicatif, le présent et l'imparfait du subjonctif, l'impératif, l'infinitif, le participe présent et le participe passé.

TABLEAU DES TERMINAISONS DES CONJUGAISONS FORTES.

		Gothique			Anglo-Saxon	
		1	2	3	1	2	3
Ind. pr.	S.	-a	-is	ith.	e	-est	eth.
	Dl.	-ôs	-ats		—	—	—
	Pl.	-am	-ith	and.	ath	ath	ath.
Prét.	S.	—	ath	—	e	—	—
	Dl.	u ?	ats		—	—	—
	Pl.	-um	uth	un.	on	-on	on.

		Gothique.			Anglo-Saxon.		
		1	2	3	1	2	3
Subj prés.	S.	-áu	-áis	-ái	-e	-e	-e
	Dl.	-áiwa ?	-áits	—	..	—	—
	Pl.	-áima	-áith	áina	on	-on	-on
Imparf.	S.	-jáu	-eis	i	e	-e	-e
	Dl.	-eiwa	eits	—	—	..	—
	Pl.	-eima	-eith	-eina	-en	en	-en
Impér.	S.	—	—	..	..	—	—
	Dl.	—	-ats	—	..	—	—
	Pl.	-am	-ith	..	-ath	ath	-ath

	infin.	part. prés.	passé	infin.	part. prés.	passé
	-an	-ands	-ins	-an	-ende	-en

VERBES FAIBLES GOTHIQUES.

			SINGULIER.			PLURIEL.		
			1	2	3	1	2	
In. pr.	1reCj.	Hab-a		-áis	-áith	-am	áith	-and
	2e	Nas-ja.		-jis	-jith	-jam	jith	-jand
	3e	Salb-ô.		-ôs	-ô	-ôm	-ôth	ônd
Prét.	1re	Hab-áida.		-áidês	áida	-aidêd-um	-aidêd-uth	aidêd-un
	2e	Nas-ida.		-idés	ida	idêd-um	-idêd-uth	-idêd-un
	3e	Salb-ôda.		-ôdés	ôda	-ôdêd-um	-ôdêd-uth	-ôdêd-un
Impar. Subj. pr.	1re	Hab-áu.		-áis	-ái	-aima	-áith	áina
	2e	Nas-jáu.		-jáis	-jái	-jáima	-jáith	-jáina
	3e	Salb-ô ?		-ôs	-ô	-ôma?	-ôth	-ôma?
	1re	Hab-áidêd jáu		-eis	-ei	-eima	eith	-eina
	2e	Nas-idêd-jáu		eis	-ei	-eima	-eith	-eina
	3e	Salb-ôdêd jáu		-eis	-ei	eima	-eith	-eina

			Sing.		Pl.		
Imp.	1re	—	Hab—	-am	-aith	..	
	2e		Nas-ei—	-jam	-jith	—	
	3e		Salb-ô—	-ôm	-ôth	—	

DUEL.

			1	2	3
Ind. prés.	1re Cj.	Hab-ôs ?		-ats (?)	—
	2e	Nas-jôs.		-jats.	
	3e	Salb-ôs ?		-ôts	

SUITE DU DUEL.

		1	2	3
PRÉTÉR.	1re	— —	Hab-áidéduts	.
	2e	— —	Nas-idéduts	.
	3e	— —	Salb-ôddênts	—
IMPÉR.	1re	— —	Hab-áits	.
	2e	— —	Nas-jáits	.
	3e	— —	Salb-ôts	—
IMPARF.	1re	— —	Hab-áidêd-eits	—
	2e	— —	Nas-idêd-eits	.
	3e	— —	Salb-ódêd-eits	—
	1re	— —	Hab-ats (?	—
	2e	— —	Nas-jats	—
	3e	— —	Salb-ôts (?	.

INF. PART. PRES. et PASSÉ. Hab-an, ands, áith. — Nas-jan,
jands, jaith. — Salb-ôn, onds, óth.

CONJUGAISONS FAIBLES ANGLO-SAXONNES.

		1	2	3	1	2	3
Indic. prés.	1 ner je	-ést	-éth		-jath	-jath	-jath
	2 scëalf ige	-ast	-ath		-ath	-ath	-ath
Prét.	1 ner öde	-êdest	-ode		-ëdon	-ëdon	-ëdon
	2 scëalf-ode	-odest	-ode		-ëdon	-eden	edon
Subj. prés.	1 ner-je	-je	-je		-jen	-jen	-jen
	2 scëalf ige	-ige	-ige		-jon	-jon	-jon
Imparf.	1 ner ede	-öde	ode		-eden	eden	-eden
	2 scëalf ode	ode	ode		-eden	eden	-eden

IMP. 2 pl. s. et pl. Ner-ë. Ner jath. — Scëalfa. scëalfjath.
INF. PART. Ner-jan. jende öd. Scëalf-jan. igende. gescëalf od

Si le sujet est après le verbe. *ath* se change en *e* :
ner-jath. ner-je.

Il y a certains verbes qui. en gothique et en
anglo-saxon. présentent des anomalies dans leurs
conjugaisons. En voici quelques-uns :

Gothique.

IND. PR. S. IM *snm*, is, ist, d. 1. 1 siju, 2 sijuts ? Pl. sijum,
s juth. sind.

Prét. Was (*manebam*), wast, was. Pl. wêsum, wêsuth, wêsun.
Sub. prés. Sijáu, -jáis, -jái. Pl. -jáima, -jáith, -jáina.
Wêsjáu, -eis, -i, -eima, -eith, -eina. Inf. Wisan.

Anglo-Saxon.

Eom (*im*) ëart, is. Pl. Sind ou Sindon, etc.
Prét. s. Wás, wære, wás. Pl. Weron, etc.
Subj. pr. s. Si, si, si (sej, sëó). Pl. Sin, sin, etc.
Imp. 2ᵉ wës, wësath. Inf. Wësan, etc.
Fut. ou Prés. s. Bëo, bist, bith. Pl. Bëoth, etc. Subj. s. Bëo.
Pl. Bëon, etc.

Gothique.

Prés. s. Skal (*debeo*), skalt-skal. Dl, skalu, skaluts. Pl. Skalum,
skaluth, skalun.

Prét. Skulda, skuldês, skulda. Pl. Skuldêd-um, -uth, -un.
G. Wilján (*volo*), wileis, wili, Dl. wileiwa ?, wileits. Pl.
Wileima, -eith, -eina.

Anglo-Saxon.

Scëal, scëalt, scëal. Pl. Sculon, etc. Prét Scëolde, etc.
As. Wille, wilt, wille. Pl. Willath, etc. Prét. Wolde, etc.
Voy. Gr. de J. Grimm, I, 852 et suiv.

CHAPITRE VI.

A l'époque de la bataille d'Hastings, le peuple d'Angleterre était fort ignorant, et c'est sans doute en partie à cause de la supériorité intellectuelle des Normands, que des seigneurs anglais avaient, quelques années auparavant, adopté si facilement leurs mœurs, leurs coutumes et leur langue. Cette tendance à l'imitation normande, en laissant l'anglo-saxon à la basse classe, dont les besoins sont moins étendus, les connaissances moins variées, et, par conséquent, le dictionnaire moins vaste et la grammaire moins pure, ne manqua pas d'influer promptement sur cette langue. On ne s'étonnera donc pas qu'à partir même de Guillaume, on y remarque déjà un commencement de décadence.

Ainsi, dans les lois anglo-saxonnes, que nous

avons de ce prince, on trouve déjà *ænigan thingan*, pour *ænigum thingum* (1-2), et *callan utlagathingan*, pour *callum utlagathingum* (4).

Vers la fin de la chronique anglo-saxonne, cette décadence augmente : la mutilation des mots devient fréquente, et les voyelles *a, ia, o,* des terminaisons, se changent généralement en *e* : aussi voit-on (1127) *kyng* pour *cyning; biscopes* pour *biscopas; sæcren* pour *sæcrian; dohter* pour *dohtor*. Le *n* même qui suit souvent ces voyelles commence à disparaître : *Bute* (1135) pour *butan; lihtede* (1140) pour *lihtedon*. On voit également dans cet ouvrage l'emploi de *the* article : *The king* (1154).

Le Brut de Lajamon, qui parut probablement une trentaine d'années après la fin de la chronique, a donné de nouveaux exemples de la décadence.

Il existe de cet ouvrage deux manuscrits qui faisaient partie de la bibliothèque *Cott.* (*Calig. a.* IX, et *Otho* c. XIII). Le savant B. Thorpe, Esq., nous a donné de l'un et de l'autre un long extrait dans ses *Analecta anglo-saxonica*. C'est à ce précieux ouvrage que je renverrai pour les citations.

Dans les déclinaisons fortes de Lajamon, le gén. sing. est en *es* pour le masc. et le neut.; et le dat. en *e*: *Kinges* (150), *kinge* (165), *londes* (163), *londe* (ibid.). L'acc. est semblable au nom. et il est terminé par une consonne souvent suivie d'un *e* : Nom. acc. *king* (145-154), etc.

Tous les cas du fém. sing., sauf quelques exceptions, sont semblables, et terminés par *e* ou par une consonne : Nom. *dohter* (144); gén. *dohter* (145); dat. *dohter* (146), et *dohtre* (154); acc. *dohter* (151).

Le pluriel est le même pour le masc. et le neutre, au nom. et à l'acc.; et il est généralement en *es* : *Kinges* (156); *hauekes and hundes* (154). Au fém. ces deux cas sont en *e* : *Mæhte* (153).

Le gén. est en *e* pour tous les genres : *Manne* (156); et le dat. en *en* : *Cnihten* (167); *dohtren* (144) ; *horsen* (154), etc.

Cependant on trouve aussi quelquefois ce cas terminé en *es* : *Mid horsen and mid hundes* (154).

La déclinaison faible termine en *en* tous les genres et tous les cas, excepté le nom. sing. : *Herten* (160), etc.

Quelques noms forts passent à la déclinaison faible, tout en restant invariables au singulier; entre autres, *dohter* et *suster* qui font *dohtren* (143) et *sustren* (147).

Le Ms. *C*, qui doit être de beaucoup moins ancien que le Ms. *A*, commence à terminer en *s* tous les genres et tous les cas du pluriel : Dat. plur., Ms. *A*, *cnihte, dohtren*; Ms. *C*, *cnihtes* (159), *dohtres* (144).

Les adjectifs ont perdu aussi beaucoup de leurs modifications. Ainsi, d'un côté, si l'on trouve *allen minen dohtren* (144); *goudne reard* (163); *thines fader swcine*; de l'autre, on remarque *rætfulle worden*

(146)... *Anne hængest godna and strongna* (163)... *Thu art mi dohter deore*, etc.

Les observations, faites sur les verbes de la Chronique anglo-saxonne, s'appliquent aussi à ceux de Lajamon ; et de plus on trouve, dans le Ms. *C*, le *n* fréquemment retranché de la terminaison de l'infinitif. Ex. (Ms. *A*) *Halden* (143), *genen* (144), *luuien* (147), *bisecchen* (161), etc. ; et (Ms. *C*), *heolde, giue, louie, bieche*, etc.

La terminaison des substantifs en *ung* se trouve changée en *ing : Laisinge, greting* (145), et devient probablement le principe du participe présent actuel.

La particule *ge* [1], mise fréquemment devant le verbe au participe passé, s'adoucit en *i* [2] : *Idemed* (149), pour *gedemed*. Elle commence même à disparaître : *Haten* (150), pour *gehaten*, ainsi que le *n* des participes forts : *icome* (165), pour *gecomen*, etc.

Dans un acte anglais de Henri III (1258), dont le rôle est conservé à la Tour de Londres, et

[1] Ce *ge*, qui, dans ce cas, semble n'être qu'un redoublement assez semblable à Lilaya, *fefelli, gegeben*, devait avoir eu, dans le principe, un sens approchant de *sam, sa* du sanskrit, et de *cum* du latin (*Voy. sprach-vergleichendes Wörterbuch der deutschen sprache von J. H. Kaltschmidt* pag. 349), et l'on en trouve encore quelques exemples : *Sith*, voyage; *gesith*, compagnon de voyage; *bed*, lit; *gebedda*, compagne de lit, épouse; et allem. *berg*, montagne ; *gebirge* : chaîne de montagnes, etc.

[2] On le trouve aussi fréquemment changé en *y*, de même *ige* s'est changé en *y : Ænige*, any. On voit la même chose en français : *Rege, rey, roy*, roi; *lege, ley, loy*, loi.

qu'on a reproduit assez inexactement [1] dans la nouvelle édition de Rymer, t. ɪ, pag. 378 , nous remarquons les mêmes faits, et, de plus, un usage pour le moins aussi fréquent ǀde *of* sans la forme du génitif, que de cette forme elle-même : *Thurg Godes fultume... In the worthness of gode... Thurg thart loandes folk... For the freme of the Loande....*

Le pluriel du prés. de l'ind. n'est plus en *ath ;* il est généralement en *en : We willen and unnen... We senden* (1258).

Dans le Ms. *C* de Lajamon, le *n* de l'indicatif a disparu. Cette lettre commencera aussi bientôt à disparaître dans les autres ouvrages de cette langue.

C'est en effet ce que l'on constate dans la vision de *Piers Ploughman*[2] (vers l'an 1362) : *Mo* (more) *than a thousand* (mys) *come to one consail... If we grutche.*

A l'infinitif cette lettre n'est plus employée que pour la mesure ou plutôt pour l'euphonie : *Though Ich can soffre famyn and defaute, folwen* (follow) *ich wolle Peers. Ich shal swynke and swete, and sowe for us bothe , and laboure...*

Cet auteur donne au participe présent, la forme que nous avons vue au substantif dans Lajamon, et semble vouloir le rapprocher de *ung*, en remplaçant *n* par *y : His nekke hangyng...* (p. xxxɪv),

---

[1] On y trouve, entre autres erreurs, *whe* pour *rche* dere, et *mine* pour *nime.*

[2] Edition in 4° de Whitaker, London, J. Murray, 1813. En faisant des extraits de cet ouvrage, j'ai oublié quelquefois de prendre note des pages.

Généralement, dans Langland , tous les noms au pluriel sont terminés par *s* ou *es* sans distinction de cas, et l'adjectif reste invariable : *Grete Knyghtes and squiers, churches, ladyes, great syres, longe fyngres*, etc.

Wicliffe suit les mêmes règles; seulement il a encore plus souvent retranché le *n* de l'infinitif : *Thi wif schal bere to thee a sone* (St. Luc, 1, 13). *He schal converte* (id. 16).

Il change souvent aussi *e* en *i* dans les terminaisons : *Ordir* (*ibid.* 8), *thingis* (19), *blessid* (28), *troublid* (28).

C'est dans Chaucer que j'ai trouvé le premier exemple du gén. fém. en *es, s : The prioresses tale* (1,3383); *with modres pitee* (13523).

Dans ce poëte, on remarque toujours de nombreux exemples de la disparition de *n* dans la terminaison des verbes :

*She wolde wepe if that she saw a mous
Caught in a trappe* (144).

All were worthy men (5590)... *Men pray to thee* (13407)... *Children lered his antiphonere* (13449).

Y, *i*, particule du part. passé, est moins usité, et semble, dans plusieurs circonstances, n'être conservé que pour la mesure du vers :

Have I had fyve husbondes (5585). *Thou hast yhadde fyve husbondes* (5599).

Le Credo de *Piers Ploughman*, qui ne peut être

antérieur à 1384 [1], a pourtant beaucoup plus de formes en *en*, et même en *th*, que les ouvrages des contemporains ; ce qui porterait à croire que l'auteur n'habitait pas Londres, ou plutôt qu'il a voulu vieillir son style, pour le rapprocher de celui de Langland, comme semblent le prouver la forme plus moderne du gén. sing. fém. en *s* : *Maries men* (v. 48); et l'infinitif précédé de *y* : *Thou wiht yknowen* (v. 543).

Spenser est postérieur de beaucoup à Chaucer, puisqu'il est mort à la fin du XVIe siècle [2]. Cependant comme le langage de *The faery queene* est beaucoup plus antique dans la forme que celui de l'époque, je devancerai le temps où vivait l'auteur.

Dans cet ouvrage, le *n* de l'infinitif et du participe ne se remarque presque plus que dans les verbes qui l'ont conservé de nos jours. L'*y* du participe est devenu rare et exceptionnel, tout cela d'après les exigences de la rime ou de la mesure, qui produisent le même effet sur l'*e* des terminaisons : *Thou wanderest* (B. I. C. 10)... *The knight wondred* (*ibid.*)... *established* (*ibid.*), *burnisht* (B. I, C. VII).

Certains mots passent à la forme faible : *Shine*, fait à l'imparf., *shined* (B. J. C. VII); *shind* (*ibid.*).

Eie, œ*e*, fait au plur. *eyne* (B. I. C. IX.), parce que Spenser a besoin d'une rime pour *pine*; mais,

---

[1] On parle dans cet ouvrage, comme n'existant plus, de Wicliffe qui mourut en 1384. *Voy.* v. 525.

[2] Chaucer mort en 1400 ; — Spenser en 1598.

quand il est libre. il forme le plur. en ajoutant
s : *Before his eies* (*ibid.*).

Les actes publics, sauf certaines restrictions,
m'ont toujours paru les meilleurs documents pour
la philologie. Aussi c'est avec plaisir que je reviens
aux *Excerpta historica* de Samuel Bentley.

On trouve dans cet ouvrage (p. 26) : *A view
of thordinarie nombr' of men dwelling uppon the de-
fence and saregard of the Town and Castell of Ca-
lays* (en 1415).

L'*e* dans *es. eth,* y est généralement changé en
i : Castellis, wagis, makith (26). à la manière de
Wicliffe ; et *ie* remplace *y : Ordinarie.*

Dans le testament d'Édouard IV (1475), com-
mençant par *In the name of the moost holy and bless-
ed Trinitie the fader the sonne and the holy goost, by
and undre whoom alle kings and princes reigne,* etc.
(B. 366), on remarque, outre la terminaison en *ie*
de *Trinitie, re* pour *er* dans *undre,* ce qu'on retrouve
plus bas. *suffre,* etc.. puis *fader* dont le *th* s'est
adouci et changé en *d.* etc.

Un document curieux, c'est la note des dépenses particulières de Henri VII. depuis 1491 jusqu'en
1505 (B. p. 85 et suiv.). J'en ferai quelques citations
pour le gén. possessif :

(1492). *Delivered by the Kinges comandement,* etc.
To my Lord of Suffolkes mynystrels, etc....
(1493). *Delivered by the king's comandement.*

(1495). *Delivered by the king's comandement for as much money.*

To the quenes grace for asmoch gold delivered unto the kinges grace.

On peut conclure de tout cela que la règle est établie d'ajouter, pour former le génitif possessif sing., s, es ou 's au subst. ou au mot qui le complète. Cependant on trouve dans le même manuscrit :

1505. *To Luke his man for keping of the clok at Richemont 3 q^rs passed l. 1 10 s.*

On voit aussi, dans plusieurs endroits, for *Jesus-Christ his sake,* et autres phrases semblables[1]; et même, en 1837, on a publié à Londres un ouvrage intitulé *Master Wace his Chronicle of the Normand conquest.*

Ces phrases, ou d'autres semblables, ont fait croire à plusieurs personnes que le gén. possessif n'est autre chose que le substantif, auquel on a ajouté l'adjectif possessif *his.* Mais cette opinion me parait tout-à-fait erronée. Elle doit l'être d'abord pour le masc. et le neut. qui ont emprunté à l'anglo-saxon cette forme, dont l'équivalente se trouve dans les génitifs goth. *fiskis, wordis,* etc. Elle ne l'est pas moins pour le féminin, qui nous présente *with modres pitce* (*Voy.* p. 75) plus d'un siècle avant *to Luke his man,* etc.

Mais, supposé que la forme s, es, 's, du gén.

[1] J'ai sur un vieux livre grec imprimé en 1620, les mots *Benjamin Mot ward his book,* 1703.

vint de l'addition de *his* pour le masc. *its* pour le
neutre, d'où viendrait-elle pour le fém.? **H** *is* fait
au féminin *her*; et. si l'on a dit : **For Jesus Christ**
his sake, l'on n'a pu dire, par analogie, que *for Marie*
her sake, qui ne présente aucune trace du génitif
en *s*.

Au XVIe siècle. la langue anglaise est à peu près
formée telle que nous la voyons de nos jours ; et les
plus grandes difficultés se trouvent dans la permutation de l'*i* et de l'*y*. et dans quelques retranche-
ments de l'*e* à la fin des mots.

Qu'est donc devenu le beau système de déclinaisons et de conjugaisons goth. et anglo-sax., et
que nous en reste-t-il maintenant. qui nous le
rappelle ? L'article *the*, modifié de l'adjectif dé-
monstratif; un '*s* ou *s* pour le gén. sing. possessif
et pour le pluriel [1]; rien pour les adjectifs, si ce
n'est (*e*) *r*, (*e*)*st* du comparatif et du superlatif [2];
pour les adjectifs démonstratifs et les pronoms.
dont je n'ai pas suivi les variations, pour ne pas entrer dans des détails longs et ennuyeux, il nous reste
this, thise, that, those, who, whose, whom et *which*, etc.
I, me ; thou, thee ; he, him ; she, her ; we, us ; ye, you;
they, them; my, mine; thy, thine; his, her, hers, its; our,
ours ; your, yours ; their, theirs ; et, pour les verbes.

---

[1] De plus *children, brethren, feet, lice, mice,* etc., qui rappellent leur
origine.

[2] Et quelques formes légèrement modifiées de l'anglo-saxon : *better.*
best; worse, worst; more, most ; less, least ; etc.

la 2ᵉ pers. sing. *(e)st*, qui n'est presque plus usitée; la 3ᵉ en *(e)th*, généralement remplacée, dans le style ordinaire. par *(e)s*; les terminaisons *(e)d, t* pour l'imparf. et le participe passé ; et *ing* pour le participe présent, à part *be, been, am, art, is, are, was, were ; will, wilt, would ; shall, shalt. should,* etc.. et une centaine[1] de verbes forts, que l'on appelle communément verbes irréguliers. et que l'ignorance paresseuse s'efforce. chaque jour. de régulariser à sa manière, à l'exemple du décrotteur de l'auberge de *White hart,* dans *Pickwick papers* qui dit : *He know'd* (knew) *nothing about parishes* (page 93); et *ren* (when) *he seed* (saw) *the ghost*[2] (*ibid.* pag. 96).

Quant au système de syntaxe, on peut s'imaginer ce qu'il est devenu dans une langue dépouillée de presque tous les signes qui indiquaient les genres. les nombres et les cas. qui même souvent

---

[1] Je ne compte pas, dans ce nombre, certains verbes qui ont changé *d* en *t,* et subi des abréviations, tels que *bent, built, dealt, felt, girt, hurt, kept, lost, smelt, thrust,* etc.

[2] Une remarque assez curieuse, et constatée par tous les philologues distingués, c'est que les verbes forts, en passant, par exemple, du neutre à l'actif, ont passé aussi de la conjugaison forte à la faible; et l'on trouve encore quelques-uns de ces verbes, à double sens, qui ont la double forme, ainsi : *Drink,* boire: *fall,* tomber: *sit,* s'asseoir, sont restés forts, tandis que *drench,* faire boire, abreuver: *fell,* faire tomber. abattre: *set,* poser, faire asseoir, ont pris la forme faible. Il en a été de même de tout verbe modifié par un autre mot avec lequel il s'est uni intimement; par ex. *Do, d ne,* dans *dup, doff,* a fait, non *don up, don off,* mais *dupped, doffed;* et *break, broke,* dans *breakfast.* a fait non *brokefast.* mais *breakfasted.* Tous les verbes étrangers ont pris aussi la forme faible.

s'est servi du peu qui lui en reste, contrairement à l'anglo-saxon.

Ainsi, par exemple, on lit dans la Chronique anglo-saxonne (1067) : *Her, ferde Gytha ut Haroldes modor, and manegra godra manna wif mid hyre.* En anglais, on conserve le génitif *Haroldes* (Harold's) ; mais les génitifs *manegra* et *godra* ne gardent aucun signe de ce cas ; *manna* lui-même prend une forme particulière de ce cas, que l'anglais a adoptée pour le dernier mot seulement d'un membre de phrase exprimant la possession , par exemple : *The king's army. The king of Prussia's army. Alexander the great's death.*

Pour faire voir, d'un seul coup d'œil, une grande partie des modifications que j'ai cherché à retracer, voici quelques textes de l'Oraison dominicale, depuis Ulphilas jusqu'à nous.

ORAISON DOMINICALE

En langue gothique, vers 360, par Ulphilas, (St.-Math. Ch. 6).

Atta unsar, thu in himinam. Weihnai namo thein.
Quimai thiudinassus theins.
Wairthai wilja theins, swe in himina. ja ana airthai.
Hlaif unsarana thana sinteinan gif uns himmadaga,
Jah aflet uns thatei skulans sijaima, swaswe jah weis afletam thaim skulam unsaraim
Ja ni briggais uns in fraistubnjai.
Ak lausei uns of thamma ubilin. Amen.

Saxon de l'Ouest, par Aelfric, vers le commencement du xie siècle.

Fœder ure, thu the eart on heofenum , si thin nama gehal-god ;

To be cume thin rice;
Gewurthe thin willa on eorthan swa swa on heofenum;
Urne dæghwanlican hlaf syle us to dæg;
And forgif us ure gyltas, swa swa we forgifath urum gyl-
tendum.
And ne gelæd thu us on costnunge;
Ac alys us of yfele, sothlice.

Anglais vers 1160, Wanley, s. 76, et Chamberl, s. 59.

Ure fæder, thu the on heofene eart,
Syo thin name gehaleged;
To cume thin rice;
Geworde thin wille on heofene and on eorthe;
Syle us to daig urne daighwamliche hlaf;
And forgyf us ure geltes, swa we forgyfath aelcen thare the
with us agylteth;
And ne læd thu us on costnunge;
Ac alys us fram yfele.

Anglais du xiiie siècle, in Chamberl, s. 72.

Oure fader, that art in hevenes, halewid be thi name;
Thy kingdom come;
To be thi wille do as in hevene and in erthe;
Gyff to us this day oure brede over other substance;
And forgyve to us oure dettis as we forgyven to oure de-
tours;
And lede us not into temptatioun;
But delyve us fro yvel. Amen.
That is, so be it.

Anglais vers 1370, traduction de Wicliffe.

Our fadyr, that art in heavenes,
Hallowd be thy name;
Thy kingdom come to;
Be thy will done in erthe as in hevene;
Geve to us this day our bread, over other substance;
And forgif to us our dettis, as we forgeven to our detters.
And leed us not into temptatioun.
But deliver us from evel. Amen.

Anglais vers 1430, essais de John Wilkins.

Oure fadir, that art in hevenes, halewid be thi name;
Thi kingdom come to thee;
Be thi will don in eerthe as in hevene ;
Give to us this day our breed over othre substance;
And forgive to us oure dettis, as we forgiven oure dettours,
And lede us not into temptation ;
But deliver us from ivel. Amen.

Anglais vers le milieu du xvi⁰ siècle, traduction de Tindale.
(Bibliothèque royale.)

Oure father, whyche arte in heauen
Halowed by the name;
Lett thy kingdom come;
Thy wyll be fulfylled as well in earth as it is in heauen;
Geue vs this daye oure daylye bread; and forgeue vs oure tres-
passes euen as we forgeue oure trespacers;
And leade us not in to temptation ;
But delyuer vs frome euyl.

Anglais d'aujourd'hui.

Our father, which art in heaven,
Hallowed be thy name.
Thy kingdom come;
Thy will be done in earth, as it is in heaven ;
Give us this day our daily, bread
And forgive us our trespasses, as we forgive them that trespass
against us :
And lead us not into temptation ;
But deliver us from evil. Amen.

CHAPITRE VII.

INFLUENCE DE L'ANGLO-NORMAND SUR LA DÉCADENCE DE L'ANGLO-SAXON.

Jusqu'ici nous avons examiné les modifications que l'anglo-saxon a éprouvées en lui-même. Mais l'anglo-normand lui en a fait subir d'autres encore, en lui apportant de nouveaux sons et de nouveaux mots.

D'abord c'est à l'anglo-normand qu'il doit le son de *sh, ch,* inusité dans l'anglo-saxon, et si fréquent dans l'anglais. Prenons, par exemple, l'auxiliaire anglo-saxon *sceal.* devoir. Dans Lajamon (Ms. *A*), il est devenu *sceal,* et (Ms.*C*) *sal* (*Voy.* B. Thorpe's *Analecta,* p. 144 et passim). Dans un manuscrit Northumbrien de la fin du XIIIᵉ siècle (B. cott. Vespas. D. VII). on dit encore *sal :*

> Blisse to ye fadre and to ye sone
> And to ye haly gaste wil with ani wone
> Als first was es and ai *sal* be
> In werlde of werldes to ye thre [1].

---

[1] Je dois la connaissance de ce manuscrit au révérend Robert Garnett, du Musée Britannique, savant aussi distingué qu'obligeant, qui m'a communiqué, en même temps, d'utiles renseignements sur les langues celtiques.

Et , même au XVIIIᵉ siècle, un personnage de sir Walter Scott, appartenant à la basse classe d'Écosse, *Meg Merillies,* emploie encore *sal : Listen... or ye sal rue it* (*Guy Mannering*, ch. XLVI); mais c'est dans le nord, dans une partie de l'Angleterre où les Normands se sont peu montrés; car, dans Wicliffe, on lit *shal* (St.-Luc. t. 137), *schal,* (*ibid.* 32 et passim); ainsi que dans Chaucer : *Shal pay* (836 et passim); et même dans Langland : *Ich shal swynke and swete,* etc. De là *fish* pour *fisc ; shears* pour *scear.* De là *child, church,* pour *cild, circe,* etc.

Nous avons vu que l'anglo-normand changea quelquefois *s* en *th : south, foith ;* mais que cette innovation n'eut pas de suites.

L'influence anglo-normande sur l'anglo-saxon a produit un effet tout contraire, et a changé *th* en *s,* à la 3ᵉ pers. sing. du prés. indic. Déjà, dans la Chronique anglo-saxonne, une tentative de changement se fait remarquer; l'*h* disparaît : *He maket.* pour *he maketh* (1137). De même, on trouve parfois, dans Lajamon, *we habbet* (Th. 155), pour *habbeth* (habbath); *he drinket and eteth* (Th. 158), pour *he drinketh* and *etath*[1].

Mais le son du *t* est bien différent de celui du *th,* et cet essai n'eut pas de résultat. On le lit encore sur quelques mots, tels que *Burthen, murther :*

[1] Puis 1258, *send igretinge,* etc.

ce qui n'a produit d'autre effet que d'ajouter une forme à l'ancienne : *Burden, murder.*

A la fin. et vers le temps de Spenser. le son de *s* plus rapproché du *th*, et souvent utile pour la mesure, s'introduisit en anglais, et il a été depuis employé dans le style ordinaire, tandis que le *th* est resté dans le style plus relevé. *Where justice grows there grows eke greater grace* (I, B. VIII).

Le participe présent français en *ant*, aidé peut-être du gérondif anglo-saxon en *ende*, a produit aussi plusieurs mots en *ant, aunt, and*, qui se sont long-temps maintenus surtout dans le nord : *Arenant* (Warton I. 74), *semblant, smiland, kissand* (*ibid.*) ; *zour*[1] (vour) *honorabile lettres contenand* (*Let. de G. Douglas à Richard*, II, 1385). *Brekand the trewis* (truce) (*ibid.*), etc.

Mais c'est surtout dans l'introduction de mots normands. que l'anglo-saxon a trouvé une grande cause de sa décadence.

Cette cause date de loin ; et je crois utile de remonter à son origine. On la trouve même dans la Chronique anglo-saxonne.

Je ne parlerai pas des mots qui viennent évidemment du grec ou du latin, que la science même. avec le christianisme, y a introduits. tels que *Deus dedit* (655). *cometa* (891), *gemartyrod* (1013). *corona*

---

[1] Le *s* dont le son semblait tenir le milieu entre *g* et *y*, s'est changé aussi quelquefois en *z*, avec lequel il a dû avoir rapport pour la forme et même peut-être pour le son (*Voy.* p. 27, *note* 2).

(1066), *chor* (1283). *clerecas* (1385), *mid micel pro-cessionem* (1125).

Je ne ferai mention que de ceux qui y sont en-trés par la conquête ou l'alliance.

En 1051. on parle du château de Douvres oc-cupé par des Français : The Freneyscan the on tham *castelle* (appelé. en 1663. *castele*).

En 1086, Se cing... *dubbade* his sunu Henric to ridere. *Dubbade,* dit M. J. K'mble. est le verbe français *adouber,* changé en verbe faible anglo-saxon.

En 1135. *Pais* he (se cing Henri) makede men and dær. Balduin *acordede.*

En 1137. He hadde get *his tresor.*

On remarque encore. dans la même année. *Cun-celer, neues* (neveu), *prisun* (prisoun. prison)*. justise, martyrs, castles, tenserie* (censerie, Ingram[1]) *carited, rentes, privilegies, miracles.*

En 1140. *Candles : in prisun and quarteres ; cun-tesse* in Anjou. Alle sweren the *pais..... to* halden. For he ded god *justise* and makede *pais.*

En 1154. The corl... heold micel *curt.*

Wilhelm de Walteuille... god *clerc* and god man. The cing was underfangen. mid micel *procession.*

Lajamon. qui vivait sur les bords de la Saverne. et par conséquent tout près d'un pays long-temps hostile, a été peu exposé à l'influence normande.

---

[1] Ne serait-ce pas plutôt *Tanserie de tanser?*

Toutefois, on remarque, entre autres mots, *benche* (M. Thorpe, 162), et *garisume* (Ms. *A*), *garisom*, (Ms. *C ibid.*), dont le premier, au moins, a la terminaison normande ; et le second, étranger à l'anglo-saxon, rappelle évidemment le mot français *garnison*.

Dans l'édit de Henri III (1258), édit traduit de l'anglo-normand pour les Anglais, on a introduit deux mots d'origine française : *Crowninge* et *iseiled* [1], formés, l'un par l'addition de la terminaison *inge* ; et l'autre, de la particule *i*, ou corruption de *ge*, et de la terminaison *ed*.

Mais c'est particulièrement dans le poème intitulé *le Pays de Cockagne* [2], qu'on remarque de nombreux emprunts au normand, et aux langues romanes en général : *Flower* (Ellis 1. p. 84), *fruit* (*ibid.*); *serpent* (86), *rile, joy, rivers, fine, oil* (*ibid.*), *serveth* (87), *Pillars* (88), *capital, jaspe, coral* (*ibid.*) ; *canel* (89), *odour, girofle, roses, lily* (*ibid.*), etc.

> When the monkes geeth go to *mass*
> All the *fienestres*, that beth are of glass
> *Turneth* into *crystal* bright
> To give monkes more light (91).

Robert de Glocester (né en 1230) n'a pas été moins soumis à cette influence.

---

[1] *Crowninge*, couronnement, de *corona, crown*; *iseiled*, scelé, de *sceau* (sceau).

[2] Cokagne, de *coquinarius*, de cuisine.

Kay king of Anjou a thousand knights nome
(took).

Of *noble* men, yclothed in *ermine* each one.

Of one *suit*, and *serred* at this *noble feast* anone.

Adam Davie (né en 1280), dans sa *Vie d'Alexan-dre-le-Grand*, présente les mots à peu près tels que l'anglo-normand les lui donne :

> In this time, fair and *Joly* (1).
> Olympias, that fair wife,
> Would make a riche *fest*
> Of knightes and ladies *honest* (Ellis, I. 140)

Langland, lui, emploie fréquemment des mots que l'anglais actuel a perdus, ou beaucoup modifiés :

You have *manged* over much (P. Plough.). Though Ich can *soffre famyn* and *defaute*.

Wicliffe ne s'est pas moins laissé entraîner à l'impulsion générale :

Both weren *juste*, goynge in all the *maundemen-tis* and *justifyingis* of the Lord withouten *playnt* (St-Luc, I. 6).

Mais c'est Chaucer qui est allé le plus loin dans cette imitation étrangère. Chez lui, les noms, les adjectifs, n'ont presque subi aucune modification: *Veine* (3), *vertue* (4), *tendre* (7), *melodie* (9), *compagnie* (24), *aventure* (25), *chambres* (28), many a *noble armee* (60), *mortal batailles* (61).

> *Benigne* he was and wonder *diligent*
> And in *Adversite* ful *patient* (185-6).
> And sette a *souper* at a *certain pris* (817).

Les verbes n'ont guère fait que changer de terminaison : *Perced* (2), *engendred* (4), *enspired* (6).

Les adverbes de qualité ont pris aussi la terminaison saxonne :

(He) he'd *opinion* that *plein delit*
Was *veraily felicite parfite* (559-40).

Cependant cette règle n'est pas sans exceptions, comme le prouve le mot *verament* qui se lit au vers 12643.

On remarque même, dans cet auteur, des membres de phrases tout entiers empruntés à la langue française, tels que : *Par amour* I loved hire (1157); I hope *par ma foy* (13750) ; now hold your mouth *pour charité* (13819).

On peut donc résumer tout ce qui a été écrit sur Chaucer en disant : 1° Ce n'est pas lui qui a introduit le premier le français dans l'anglais, comme l'a prétendu Jonhson ; 2° il a été un *grand mêleur* d'anglais avec le français [1] (Werstegan. 67) ; 3° s'il ne fut pas la source du pur anglais [2], comme le dit Spenser, c'est-à-dire de l'anglais sans *mélange étranger*, il a mérité ce nom par la pureté de ses pensées et de son style [3].

---

[1] *A great mingler of english with french* (Werstegan, ch. 75, ap. Tyrwhitt, I. LXI).

[2] The well of English undefiled (Spenser, *Faery queene*. b. IV. c. II, 32).

[3] Du temps de Chaucer, on est même allé jusqu'à faire des vers moitié

Dans les statuts d'Henri V (1419), c'est à peu près le même emploi du français : That no man be so *hardy*... te *touche*.. the *sacrament* of godes body... te *pille* holy church, etc. (B. p. 31).

On a, du temps d'Henri IV, une jolie chanson, qui ne porte pas moins de traces de l'influence normande. Elle commence ainsi :

> *Continuance*
> Of *remembrance*
> With-owte endyng
> Doth me *penaunce*
> And grete *grewaunce*
> For your *partynge* [1].

À la fin du xvᵉ siècle (1492), dans les notes des dépenses privées de Henri VII, mêmes remarques à faire : *Delivered* by the kinges *comandement* for *divers peces* of cloth of gold, and for *certain* and many *precyouse* stone and riche *perlis* bought of Lambardes for the *garnyshing* of *salades* shapnes, and *helemytes* agenst the king's *noble royage* (1.3.800)

---

anglais, moitié français. *Voy.* Ms. *Harl.*, 2253 (fol. 83), que l'on suppose de la fin du xiiiᵉ siècle. On y trouve :

> Mayden moder milde, *oyez cel oreysoun,*
> From shame thou me shilde, *e de ly mal feloun :*
> For love of thine childe *me menez de tresoun,*
> Ich wes wod and wilde, *or su en prisoun.* (Ap. Wart., I, 90).

On en remarque aussi avec lesquels alterne le latin :

> Joy we all now in this *feste*
> For *verbum caro factum est* (Christmas Carols, p. LIV).

[1] *Relliquiæ ant.* par Th. Wright et J. O. Halliwell, p. 25. London 1839.

La syntaxe anglaise, dont j'espère pouvoir m'occuper dans un ouvrage plus étendu, s'est aussi res-
sentie de cette influence; la phrase, entre autres
choses, y est devenue moins *synthétique*, et l'on y
trouve généralement le sujet, le verbe et le régime
à la suite les uns des autres, tandis qu'en saxon,
comme en latin et en allemand, le verbe se mettait
souvent après son régime : And we sceolon mid
biternysse sóðre behreowsunge úre mód geclæn-
sian, gif we willað Cristes lichaman ðicgan, *And
we ought with the bitterness of true repentance to
cleanse our mind, if we will receive Christ's body*
(Raske's gr. § 373).

Mais dans quelle quantité, dans quelle classe, et
sous quelle forme trouve-t-on, dans l'anglais, les
mots importés du franco-normand, et même ceux
que les progrès des arts et des sciences ont empruntés aux langues savantes? C'est là, ce me semble,
une question importante; et je vais chercher maintenant à la résoudre.

CHAPITRE VIII.

On n'a jamais été bien d'accord sur le nombre, même approximatif, des mots étrangers introduits dans l'anglais actuel. Hickes a avancé que les neuf dixièmes, au moins, sont d'origine saxonne, parce que l'Oraison dominicale ne contient que trois mots qui viennent du français ou du latin[1].

Sharon Turner[2], persuadé, sans doute, que ce morceau si court, si ancien dans l'anglo-saxon, et qui exprime des idées si simples, ne pouvait donner un juste résultat, a étendu ses citations, et a choisi dans la Bible, dans Shakspeare, Milton, Cowley, Thompson, Addison, Spenser, Locke, Pope, Young, Swift, Robertson, Hume, Gibbon et Johnson, des morceaux qui, réunis, contiennent 1492 mots, dont 296 seulement ne sont pas

[1] Ellis, *Specimens of the early English poets*, I, 2.
[2] *Hist. of the Angl.-Sax.*, t. I, chap. III, appendix I.

saxons. et a conclu que les quatre cinquièmes [1] de l'anglais actuel appartiennent encore à [2] l'anglo-saxon.

En Allemagne, Meidinger, dans son *Dictionnaire comparatif des langues teuto-gothiques* (pag. 578), a suivi le même système. Il a fait des extraits de six auteurs : Shakspeare , Cowley , Thompson, Locke, Addison et Swift. Les voici :

SHAKSPEARE.

To be, or not to be, that is the *question* :
Whether 'tis *nobler* in the mind to *suffer*
The stings and arrows of *outrageous fortune* ;
Or to take *arms* against a sea of *troubles*,
And, by *opposing* end them? To die, to sleep .
No more ; and, by a sleep, to say we end
The heart-ach, and the thousand *natural* shocks
That flesh is he'r to'-tis a *consummation*
Devoutly to be wish'd. To die ;-to sleep ;
To sleep ! *Perchance* to dream !

[1] C'est aussi l'opinion de M. Mourain de Sourdeval : « Ses éléments 'de l'anglo-saxon, forment aujourd'hui les quatre cinquièmes de la langue anglaise. » *Études goth.*, pag. 22.

[2] Après avoir examiné neuf pages anglo-saxonnes, dont trois d'Orose, trois de Boère, et trois de Bède, dans lesquelles se trouvent 588 mots hors d'usage, sur 1863 que contiennent ces pages, Sh. Turner ajoute, comme pour fortifier son raisonnement, que la cinquième partie environ des mots de la langue d'Alfred n'est plus usitée. Mais tout le monde convient que le vocabulaire anglais actuel renferme un nombre de mots beaucoup plus grand, que n'en a jamais contenu le vocabulaire anglo-saxon. Si donc cette langue a perdu un cinquième de ses mots, et en a emprunté beaucoup plus aux langues étrangères, il est évident que ces mêmes langues sont entrées dans sa composition actuelle pour plus d'un cinquième.

COWLEY.

Mark that swift arrow ! how it *cuts* the *air* !
How it outruns the following eye !
Use all *persuasions* now, and *try*
If thou canst call it back, or stay it there.
That way it went; but thou shalt find
No *track* is left behind.
Fool ! 'Tis thy life, and the fond *archer* thou.
Of all the time thou 'st shot away,
I'll bid thee fetch but yesterday,
And it shall be too hard a *task* to do.

THOMPSON.

These as they *change* ; almighty father ! these
Are but the *varied* God. The *rolling* year
Is full of thee. Forth in the *pleasing* spring
Thy *beauty* walks, thy *tenderness* and love
Wide flush the fields ; the soft'ning *air* is *balm* ;
Echo the *mountains round* ; the *forest* smiles ;
And every *sense*, and every heart is *joy*.
Then comes thy *glory*, in the summer months.
With light and heat *refulgent*. Then thy sun
Shoots full *perfection* through the swelling year.

LOKE.

Every man, being *conscious* to himself that he thinks, and
that which his mind is *applied* about whilst thinking. being
the *ideas* that are there, it is *past doubt* that men have in their
minds *several ideas* Such as are those *expressed* by the words
whiteness, hardness, sweetness. thinking, *motion*, man. ele-
phant, army, drunkenness, and others. It is in the first *place*
then to be *inquired* how he comes by them.

ADDISON.

I was yesterday, about sun set, walking in the open fields, till the night *insensibly* fell upon me. I at first *amused* myself with all the richness and *variety of colours*, which *appeared* in the western *part* of heaven. In *proportion* as they *faded* away and went out, *several* stars and *planets appeared*, one after another, till the whole *firmament* was in a glow The blueness of the *æther* was *exceedingly* heightened and enlivened by the *Season* of the year.

SWIFT.

Wisdom is a fox, who after long hunting, will at last cost you the *pains* to dig out. 'Tis a cheese, which by how much the richer, has the thicker, the homelier and the *courser coat*, and whereof to a *judicious palate* the *maggots* are the best! 'Tis a *sack posset*, wherein the deeper you go, you will find it the sweeter. But then lastly, 'tis a nut, which unless you chuse with *judgment*, may cost you a tooth, and *pay* you with nothing but a worm.

Dans l'extrait de Shakspeare, sur 81 mots, il y en a 69 d'anglo-saxons; dans celui de Cowley, 70 sur 78; dans celui de Thompson, 61 sur 77; dans celui de Locke, 58 sur 71; dans celui d'Addison, 66 sur 81, et dans celui de Swift, 77 sur 87. Total, 401 mots anglo-saxons sur 475 ; donc 74 mots étrangers seulement. Cependant l'auteur est moins rigoureux dans sa conséquence, et il donne généreusement un cinquième aux idiomes romans.

Afin de montrer ce qu'il y a d'erroné dans cette manière de procéder, je l'ai suivie dans une autre opération du même genre. J'ai cherché combien il y a de lettres dans ces extraits, et j'ai trouvé qu'ils contiennent près de 1,200 consonnes et 800 voyelles, c'est-à-dire, d'après le même raisonnement, les deux cinquièmes de voyelles, ou 10 sur 25 lettres.

On sait qu'en anglais il n'y a pas plus de voyelles qu'en français. Qu'en conclure donc ? Tout simplement que les voyelles sont plus usitées que les consonnes. Il en est de même de certains mots anglo-saxons. Par exemple, rien que dans la citation de Shakspeare, où il n'y a que 12 mots de langue romane, le mot *to* est 13 fois exprimé.

Mais ce n'est pas là le seul mot qui se répète fréquemment ; il en est de même des articles, des pronoms, des verbes auxiliaires, des adverbes, des conjonctions et des interjections. Dans l'anglais actuel, presque tous ces mots appartiennent à l'anglo-saxon, et peuvent s'élever au nombre de 500, pas plus. Eh bien, dans les citations de Sh. Turner, dont j'ai parlé p. 91, sur 1196 mots saxons, il y en a 1055 qui doivent se ranger dans ces différentes classes, et, par conséquent, le nombre de 500, qui leur a été assigné, est plus que doublé.

Maintenant retranchons, pour un instant, tous ces mots si souvent usités, et qu'au besoin on pourra ajouter au nombre approximatif des mots anglo-saxons, quand on le connaîtra, et voyons quel sera le tableau comparatif des mots romans et des mots saxons qui restent dans les six extraits cités plus haut.

Dans le premier, on a 20 mots saxons contre 12 romans; dans le second, 20 contre 8; dans le troisième, 25 contre 16; dans le quatrième, 14 contre 13; dans le cinquième, 16 contre 15, et dans le sixième, 19 contre 10. Total, 114 mots saxons contre 72 romans, c'est-à-dire, un peu plus des trois cinquièmes saxons, indépendamment des 500 mots environ qui doivent plus tard s'ajouter au chiffre anglo-saxon.

L'auteur d'un article sur le dictionnaire de Bosworth et *The structure of the english language,* en parlant du calcul sur les extraits qu'on trouve dans Sh. Turner, et des conséquences qu'on en tire généralement, prend en considération les articles, les pronoms, les prépositions, etc., et abaisse le chiffre anglo-saxon aux cinq huitièmes environ, laissant le reste au grec et surtout au latin. Ainsi sur 38.000 mots, qu'il suppose dans la langue anglaise, 23.000, selon lui, sont saxons, et 15.000 viennent des idiomes classiques.

Cette manière de procéder est sans doute beaucoup plus rationnelle que la première, ainsi que le résultat. Mais est-elle infaillible? Et, dans les extraits qu'on cite, ne peut-il pas entrer de l'arbitraire? Meidinger a fait des extraits de six auteurs anglais, en voici d'autres des mêmes auteurs qui amèneront des conséquences bien différentes :

SHAKSPEARE.

Othello.

Most *potent, grave,* and *reverend signiors,*
My very *noble* and *approved* good *masters,*
That I have taken away this old man's daughter,
It is most true; true, I have *married* her ;
The very head and *front* of my *offending*
Hath this *extent*, no more.

COWLEY.

Hymn to Light.

The guilty *serpents,* and *obscener beasts,*
Creep *conscious* to their *secret rests* ;
Nature to thee does *rev'rence pay,*
Ill *omens* and ill sights removes out of thy way...

With *flame condens'd* thou dost the *jewels fix,*
And *solid colours* in it *mix* ;
Flora herself *envies* to see
Flow'rs fairer than her own, and durable as she.

THOMPSON.

Seasons.

Young *Celadon*
And his *Amelia,* were a matchless *pair* ;
With *equal virtue form'd,* and *equal grace* ;
The same, *distinguis'd* by their *sex* alone,
Hers the mild *lustre* of the blooming morn,
And his the *radiance* of the risen day.

LOCKE.

Essays.

Some men are *remarked* for *pleasantness* in *raillery*; others for *apologues* and *apposite diverting stories*. This is *apt* to be taken for the *effect* of *pure nature*, and that the rather, because it is not got by *rules*; and those who *excel* in either of them never *purposely* set themselves to the *study* of it as an *art* to be learnt.

ADDISON.

Spectator.

Besides the *several pieces* of *morality* to be drawn out of this *vision*, I learned from it, never to *repine* at my own *misfortunes*, or to *envy* the happiness of another, since it is *impossible*, for any man to *form* a right *judgment* of his neighbour's *sufferings*: for which *reason* also I have *determined* never to think too lightly of another's *complaints*; but to *regard* the sorrows of my fellow *creatures*, with *sentiments* of *humanity* and *compassion*.

SWIFT.

How to maken an epic poem.

For the *machines*, take of *deities male* and *female* as many as you can use. *Separate* them into two *equals parts*, and keep *Jupiter* in the *middle*. Let *Juno put* him in a *ferment*, and *Venus mollify* him: *remember* on all *occasions* to make *use* of *volatile Mercury*. If you have need of *devils*, draw them from Milton and *extract* your *spirits* from Tasso.

Ainsi, en retranchant les articles, les pronoms, etc., on a dans le premier extrait, 11 mots de langue romane sur 19; dans le deuxième, 22 sur trente; dans le troisième, 12 sur 19; dans le quatrième, 16 sur 21 ; dans le cinquième, 20 sur 26 ; dans le sixième, 20 sur 22. Total 101 mots romans sur 137, c'est-à-dire, près des trois quarts de mots romans.

Voici quelques autres citations de Dryden et de Pope, de Hume et de Blair, qui donnent au roman un chiffre relatif encore plus élevé :

DRIDEN.

Alexander's feast.

The *princes applaud* with a *furious joy;*
And the *king seized* a *flambeau* with *zeal* to *destroy.*

POPE.

Ode to saint Cecilia.

Music the *fiercest grief* can *charm;*
And *fate's severest rage disarm.*

HUME.

Hist. of Engl.

This *excellent personage* Lady Jane Gray was *descended* from the *royal line* of England by both her *parents.*
She was *carefully educated* in the *principles* of the *reformation.*

BLAIR.

Lecture.

Genius is *used* to *signify* that *talent* or *aptitude* which we *receive* from *nature,* for *excelling* in any one thing whatever.

Dans ces quatre petits extraits, il y a, à part les articles, les pronoms, etc., 40 mots sur lesquels

36 , c'est-à-dire les neuf dixièmes, appartiennent au français et aux langues classiques[1].

Le choix que je viens de faire , je le sais , a été arbitraire , je dirai même que j'aurais pu trouver dans les écrivains que je cite des passages amenant à des conséquences toutes différentes. Qu'en conclure ? C'est que ce moyen ne peut donner que des conjectures, et qu'il faut recourir à un autre, si nous voulons parvenir à la vérité. Mais ce moyen, quel est-il ? Il n'y en a qu'un de bon , je pense , c'est de passer en revue tous les mots anglais, de les reporter autant qu'on le peut à leur origine véritable, et de faire , en quelque sorte , comme je l'ai déjà dit ailleurs[2], *l'inventaire* de cette langue, et c'est ce que j'ai essayé de faire de la manière suivante :

J'ai pris le dictionnaire anglais de Robertson, ouvrage en deux vol. in-4° de **2,375** pages; et, dans les cas qui m'ont paru douteux, j'y ai ajouté le dictionnaire de Webster, et parfois même les dictionnaires de Bosworth et de Meidinger, et *The gaelic dictionary of the highland society.*

---

[1] La philosophie semble préférer le franco-normand. Ainsi, dans la traduction et les commentaires de la Sankhya, Mr Wilson, à part les particules, les auxiliaires et les mots invariables, n'a pas généralement employé un cinquième de mots saxons. Voyez entre autres, pag. 160... *virtue, vice, and the rest necessarily imply* and *occasion* bodily *condition:* bodily *condition* is *productive* of *acts* of *vice* and *virtue: vice* and *virtue,* again, *occasion* bodily *condition:* and so on, etc.

[2] *British prose-writers,* page XIX.

Muni de ces instruments, j'ai fait un tableau, en tête duquel j'ai mis le nom des langues auxquelles je croyais devoir rapporter chaque mot, anglo-saxon, islandais, allemand, hollandais, danois, suédois; puis grec, latin, français, italien, espagnol et portugais, celtique, anglais même, etc. Quand un mot m'a paru appartenir à la fois au grec, au latin et au français, ou à deux de ces langues, et que je n'ai pas vu, avec certitude, de laquelle il provenait *immédiatement*, je l'ai placé dans une ligne particulière. Si l'origine du mot m'était tout-à-fait inconnue, je l'ai constaté également.

Je sais que, dans un travail aussi long et aussi minutieux, il a pu, il a dû même, se glisser des erreurs : sur plus de 40,000 mots, il est difficile qu'il en soit autrement. Toutefois j'ai la conscience de ne m'être laissé guider, dans ces recherches, que par le désir d'arriver à la vérité.

T A BL[...]

	Anglo-Saxon.	Islandais.	Allemand.	Hollandais.	Danois.	Suédois.	Grec.	Latin.	Français.	Grec-Français.	Grec-Latin.	Latin-Français.
A.	382		6	2	2		59	226	491	80	17	105
B.	1036		59	109	6		25	58	571	25	30	7
C.	514		46	113		7	34	516	1120	26	42	174
D.	548	1	17	55		16	29	461	874	37	19	121
E.	286		5	3	3		27	460	399	48	19	78
F.	799		11	41		2	4	185	472			48
G.	564		15	14		1	9	50	332	8	3	2
H.	684		13	31		1	21	31	192	52	9	16
I.	227		10	13			10	467	395	1	2	166
K.	149		6	9		1		11	2			
L.	452		23	20		5	5	60	153	6	2	37
M.	510		14	30	1		7	81	530	32	36	57
N.	225		12	5	1	1	6	43	84	2	16	18
O.	474			4			7	117	137	20		25
P.	140		12	19			37	138	469	48	19	60
Q.	142		1	19		1		38	41	86	3	
R.	459		14	25		1	3	227	681	4		97
S.	1085		12	108	6	12	30	327	468	9	10	127
T.	630	1	10	55		1	14	131	327	49	6	39
U. V.	1309		19	4			2	936	792	10	1	143
W.	791		3	32		8	1	4	55	1		2
Y.	57		3	1								
Z.	15		1									1
Total.	12098	2	342	712	19	57	330	4507	8489	549	236	1351

NÉRAL.

Espagnol.	Portugais.	Celtique.	Anglais.	Écossais.	Sémitique.	Chinois.	Origines Incertaines.	Résumé Teutonique.	Résumé Roman.	Résumé Celtique et mots incert.	Résumé Général.
1	8						4	392	2230		2626
5		1	6				42	1210	846	7	2105
5		2					25	680	3630	2	4337
1				1			33	637	2757	1	3428
3							5	297	1810		2112
3		3	8				19	853	1171	11	2054
2				1			17	594	679	1	1291
3				1			10	729	613	1	1353
6							16	250	2608		2874
			2				3	165	13	2	183
	2		2		1		4	500	636	3	1143
		5		2	5		15	555	1412	12	1994
			1	1	1			244	375	3	622
3							1	478	591		1073
3							24	171	1545		1740
					5		12	163	168	5	318
4		1		2			9	499	1926	3	2437
4	1	3			16		26	1973	2411	19	4429
3		2			8	1	14	697	1107	4	1809
2								1332	3221		4553
		1	1	4			12	834	81	6	933
					1		3	61		1	65
								16	20		36
48	6	20	18	11	40	1	294	13330	29853	88	43055

CHAPITRE IX.

NATURE ET MODIFICATIONS DES MOTS TEUTONIQUES ET ROMANS.

D'après le calcul qui vient d'être présenté, il n'y a pas un tiers des mots de l'anglais actuel, qui appartienne aux langues teutoniques. Mais ce nombre, quoique limité, est la partie essentielle, indispensable du langage, celle sans laquelle il ne resterait plus, en quelque sorte, qu'un catalogue indigeste de noms, d'adjectifs et de verbes, sans nombre, ni temps, ni modes, ni personnes.

C'est l'anglo-saxon en effet qui lie tous ces mots, au moyen de ses articles, de ses adjectifs déterminatifs, excepté *second* et *million*, de ses pronoms, de ses verbes auxiliaires, et enfin de presque tous les mots invariables, sauf quelques adverbes de qualité et quelques interjections.

Cette langue émondée, comme elle l'a été, par la conquête, n'en est pas moins restée la langue du peuple. qui a semblé dire au vainqueur, comme le grammairien romain à Tibère : « Tu n'as pas le droit de nous imposer des mots ! [1]»

En effet, malgré les pertes immenses qu'elle a subies, elle pourrait presque, encore de nos jours, suffire aux besoins d'une nation, que le luxe et le raffinement des beaux-arts ne seraient pas allés trouver dans sa rustique simplicité.

Promenez en effet vos regards sur l'univers. et presque tous les objets qui viendront les frapper, le soleil (*sun*). la lune (*moon*). les étoiles (*stars*). la terre (*earth*). la mer (*sea*). le feu (*fire*). l'eau (*water*). le jour (*day*), la nuit (*night*). les jours de la semaine appartiennent à l'anglo-saxon. Parcourez les champs (*fields*). les prairies (*meadows*); voyez les troupeaux (*flocks*) qui y paissent. et le pâtre (*swain*) qui les garde. le laboureur (*ploughman*). le moissonneur (*reaper*) : tout est anglo-saxon. Considérez-vous vous-même. regardez votre corps (*body*) et toutes ses parties. la tête (*head*), les yeux (*eyes*). la bouche (*mouth*), les mains (*hands*). les pieds (*feet*). etc.. les vêtements dont il est couvert (*clothes*) : tout est encore anglo-saxon.

Entrez dans la maison (*house*), contemplez cette heureuse famille (*husband, wife and children*). unie

---

[1] Marcus Pomponius Marcellus, cum ex oratione Tiberium reprehendisset. affirmante Atteio Capitone et esse illud latinum, et, si non esset, futurum : *Certe jam inde mentitur*, inquit Capito. *Tu enim, Cæsar, civitatem dare potes hominibus, verbis non potes.* C. Suet. *de Illust. Gr.* cap. XXII.

par les plus tendres liens (*love, friendship and kind-ness*), c'est toujours l'anglo-saxon qui remplit le vocabulaire; c'est lui qui donne les doux noms de père (*father*), de mère (*mother*), de frère (*brother*), de sœur (*sister*), et cette idée touchante : *Home, sweet home!* qui peut-être n'a son équivalent dans aucune langue.

Dans son commerce (*trade*), l'Anglais achètera et vendra (*will sel and buy*), par terre et par mer (*by sea and land*), sans le secours d'une langue étrangère. Il encourra dans ses relations (*dealings*) avec les autres, la hausse et la baisse (*rise and fall*), prêtera ou empruntera (*will lend or borrow*) volontiers (*willingly*), parce qu'il a confiance (*trust*) en lui-même, et en son voisin (*neighbour*); et comme il est habile (*skilful*) et soigneux (*careful*), il finira par réussir (*he will thrive at last*).

Mais si la liberté (*freedom*) est menacée (*threatened*), guerrier (*warrior*), il prendra (*take*) son épée (*sword*) et son bouclier (*shield*), son arc (*bow*) et ses flèches (*arrows*), partira (*set out*) à l'appel (*call*) du lord, du comte (*earl*) ou du roi (*king*). Il entendra (*hear*) alors un de ces discours énergiques (*manly speech*), ou un de ces mots qui viennent du cœur (*heart*), et qui abondent dans cette langue (*tongue*), où tout est profondément senti (*deeply felt*). Et, quoique la bataille de Hastings lui ait apporté les mots de victoire, de triomphe, de conquête, il saura frapper (*strike*) son ennemi (*his foe*), le surpasser (*overcome*), ou mourir (*die*) en combattant (*fighting*).

Dans ses foyers (*at home*), et quand les affaires (*business*) le lui permettront (*will give leave*), l'Anglo-Saxon pourra gaîment (*merrily*) passer son temps (*spend his time*). Il ne se bornera pas sans doute à boire (*to drink*), à manger (*eat*), à dormir (*sleep*); mais la promenade à pied (*walking*) ou à cheval (*riding*), la pêche (*fishing*) ou la chasse (*hunting*), charmeront les jeunes gens et même les hommes d'un certain âge (*young and elderly men*); tandis que la dame (*lady*) entourée de ses *filles* (*with her daughters about her*), s'occupera (*will be busy*) à leur apprendre (*teaching*) à lire (*to read*), à écrire (*to write*), à chanter (*to sing*) et à dessiner (*to draw*). Les travaux de l'aiguille (*needle work*) ne seront pas non plus oubliés (*forgotten*). C'est même par cela surtout qu'elles brilleront (*shine*) aux yeux du monde[1] (*world*). Car, quant à ces grands talents (*great gifts*), à cette instruction profonde (*deep learning*), d'un ordre plus élevé (*higher*), et dont on est si fier (*so proud*) de nos jours, on en faisait peu de cas (*it was not much minded*).

Cependant on avait ces simples maximes (*home spun sayings*), qui, aux yeux du genre humain (*mankind*), doivent toujours passer pour la vraie

---

[1] Anglicæ nationis feminæ multum acu et auri textura valent. Guill. Pictav. apud Script. rer. Norm. p. 211.)

sagesse (*true wisdom*). Telles sont entre autres :

God helps them that help themselves.

Lost time is never found again.

He who will thrive must rise at five.

When sorrow is asleep, wake it not[1].

D'après ce qui précède, on s'étonnera peut-être que l'anglo-saxon ait une part numérique si faible dans le dictionnaire de Richardson. Mais l'étonnement diminuera, si l'on se rappelle la réponse que fit à Astyage Cyrus invité par lui à un souper somptueux, composé de sauces, de ragoûts et de mets de toute espèce. Ce jeune prince trouva que ce serait bien fatigant pour son grand-père de porter la main à tous ces plats, et lui dit : « En Perse, nous avons un moyen beaucoup plus simple et plus court pour nous rassasier; il ne nous faut, pour cela, que du pain et de la viande sans apprêt. »

La langue saxonne peut être comparée à la table des Perses, et les importations françaises et classiques à celle des Mèdes. Celle-là est pour les besoins de la vie qui sont généralement très-bornés, et celle-ci pour le luxe et les jouissances sociales,

---

[1] Il m'a toujours semblé que sir Walter Scott, qui a si bien peint dans *Ivanhoe*, la vieille haine saxonne contre les Normands, aurait pu et dû faire tenir à ses *personnages saxons* un langage moins *normand*. « En effet, » comme me le disait un jour le célèbre traducteur du romancier écossais, mon vénérable ami, M. Defauconpret, à qui je faisais cette réflexion, « En effet, le langage de Cédric n'est pas plus saxon que celui de Richard ou du Templier. »

qui peuvent s'étendre à l'infini. On pourrait en
effet presque dire de ces langues, que la première
sert à exprimer ce qui est utile, les autres ce qui
est agréable ; que l'anglo-saxon est la langue du
peuple, que le franco-normand, enrichi des beau-
tés classiques, est la langue des gens comme il
faut.

Après la bataille d'Hastings, 60,000 soldats,
que la victoire venait d'ennoblir, s'en allèrent
dire à des colons de six siècles : « Tout cela est
à nous. » Alors ducs, marquis, barons, écuyers,
soutenus par l'épée de Guillaume et par les leurs,
prirent la place des anciens habitants ; et, pour
défendre leur conquête, ils établirent des châteaux
(*castles*) sur des lieux élevés, où ils se fortifièrent
contre les attaques des naturels. Maîtres du sol
(*soil*), maîtres de tout, et, en quelque sorte, seigneurs de la création, ils donnèrent un nom à
chaque objet.

Univers, firmament, mois, météores, planètes,
comètes, air, atmosphère, vapeurs, montagnes,
vallées, rivières, torrents, cascades, tout fut em-
preint du sceau du vainqueur. Le bœuf (*ox*), le
veau (*calf*), le cochon (*swine*), le mouton (*sheep*),
parurent à sa table somptueuse, sous les noms de
beef, veal, pork, mutton; et le *roastbeef* (bœuf rôti),
assez récemment introduit en France, n'est qu'une
importation de la conquête.

Plus tard la paix amena l'étude des beaux-arts,

qui depuis long-temps florissaient en France, et l'on vit paraître avec elle le goût des plaisirs et d'une agréable aisance. Alors les facultés humaines furent cultivées, perfectionnées (*refined*) par l'histoire et la littérature. La musique fut étudiée avec fruit, et apporta à l'Angleterre de nouveaux instruments. La basse, la harpe, le luth la lyre, l'orgue, la flûte et le flageolet, unis à la voix humaine, firent entendre des accents enchanteurs; et la peinture, pour se rendre digne de telles merveilles, ajouta, sur sa palette, au blanc (*white*), au noir (*black*), au rouge (*red*), au jaune (*yellow*), au vert (*green*), des couleurs plus variées, des nuances plus savantes : l'azur, le cramoisi, l'écarlate, le gris, l'incarnat, le pourpre, le vermillon, le violet, etc.

Des fêtes brillantes, des tournois (*tournaments*) splendides, où se trouvait la fleur de la chevalerie, des bals magnifiques, au son d'une musique délicieuse, en donnant à la société un nouvel éclat, polirent les mœurs, et même excitèrent l'admiration des anciens habitants qui, charmés d'une telle élégance, reconnurent dans leurs vainqueurs des êtres d'une intelligence supérieure, les admirèrent, et cherchèrent même à les imiter. Ils prirent les titres de ces grands seigneurs, se qualifièrent de *sires*, de *barons*. Mais le noble normand se moqua de l'outrecuidance de ces *bondes*, de ces *cot-*

tiers, comme il les appelait : « Cela fait mal au cœur, » disait-il [1].

Cependant, après les guerres d'York et de Lancastre, où les deux roses furent teintes de tant de noble sang, le vaincu se trouva rapproché des vainqueurs et participa même aux honneurs dont ils jouissaient. Les *earls* et les *lords* fraternisèrent avec les *ducs* et les *marquis* [2].

Alors se fit aussi, entre les deux langues, un traité tacite. L'anglo-saxon prit ce que le franco-normand avait de pur et de poli, et le franco-normand adopta ce que l'anglo-saxon avait de vif, de fort et d'énergique.

Dans ce rapprochement des deux langues, l'anglais a trouvé une source de richesses immenses : depuis le sujet le plus noble, jusqu'au plus commun, il possède une expression convenable; souvent même il en a deux, l'une saxonne et l'autre française, qui ne diffèrent que par une légère nuance. Telles sont entre autres *limb* et *member*, *feeling* et *sentiment*, *guilt* et *crime*, *work* et *labour*, *will* et *testament*, *shaft* et *dart*, *fair* et *fine*, *barren* et *sterile*, *mild* et *gentle*, *muster* et *review*, *reward* et *recompense*, etc.

---

[1] Rustici Londonienses qui se barones vocant ad nauseam. *Script. rer. Ang.* ap. Aug. Th. iv, 329.

[2] Dès le temps de Guillaume, ceux qui remplissaient à Londres les deux plus hautes dignités civiles eurent, le plus élevé, un nom français, *mayor* (maire), et les autres, un nom anglo-saxon : *aldermen*.

Dans d'autres circonstances, cependant, la nuance est beaucoup plus tranchée ; et, si vous avez à exprimer des idées telles que *sueur*, *puanteur*, l'euphémisme anglais ne vous pardonnerait pas, si vous disiez, *sweat*, *stench* ; mais épurez un peu ces mots à l'aide du français ; et tout ira le mieux du monde, si vous dites : *Perspiration, unpleasant odours*. Vous ne vous aviserez pas non plus de dire dans la bonne société, *to get* " *drunk*, " pas plus que vous ne diriez en français se « *soûler* ; » mais vous pourrez recourir aux langues classiques qui ont fourni *entoxicated*, *inebriated* ; ou bien encore au français, qui a pallié la faute à l'aide des mots *comfortable*, *agreeably confused*, etc.

Ce rapprochement avait produit d'heureux effets. On ne s'y borna pas, et il y eut une alliance plus intime ; deux ou plusieurs mots furent unis pour n'exprimer qu'une idée : de là *commonwealth*, *coachman carterright*, *candlestick*, *mousetrap*, *sideboard*, *waistcoat*. Le mot *coverchief* (couvre-chef), qui se trouve dans Chaucer [1], est devenu plus tard, par abréviation, *kerchief* ; et, quoique composé, il a pris encore un mot saxon, et est devenu *handkerchief* (mouchoir), mot à mot, *couvre-chef de main* ; puis un autre mot saxon *neck handkerchief* (cravate), *couvre-chef de main pour le cou* ; puis il a remplacé ce dernier par un mot français et l'on

1 *Canterbury tales*, v. 455.

a eu *pocket handkerchief* (mouchoir de poche).
couvre-chef de main pour la poche.

Ce système a formé ensuite d'autres mots,
dont l'analogie est peu rationelle ; ainsi. de *grand*
et *father, mother,* on a fait *grand father, grand mother,* grand-père. grand'-mère ; mais ensuite on a
donné un sens tout différent à l'adjectif français.
et l'on a rendu *petit-fils, petite-fille,* par *grand son,
grand daughter.*

Parfois même l'accord s'est fait aux dépens du
sens du mot : ainsi. le saxon avait *dish* (plat), et il
l'a gardé ; puis. pour assiette, il a pris le mot français *plate.* A l'aide de *table* et de *cloth,* il s'est fait
une *nappe;* puis il a employé *nap* (nappe) suivi du
diminutif *kin* pour se faire une serviette. Il avait
reading, pour signifier *lecture;* il a pris *lecture,* pour
signifier cours d'un professeur.

A l'époque de la renaissance, l'étude du grec et
du latin, et l'admiration profonde qu'inspiraient
les grands écrivains de la Grèce et de Rome. sont
venus augmenter le vocabulaire anglais, et donner
à cette langue de nouvelles richesses, dont elle s'est
abondamment servie dans la culture des beaux-
arts, et surtout des sciences [1]. L'étude des autres
langues de l'Europe, et les relations commerciales,
ont également apporté leurs tributs : car tout ce

---

[1] En général, le supin des Latins a formé beaucoup de verbes anglais.
Les mots techniques ont généralement été empruntés à la langue grecque.
On les reconnaît facilement à leurs racines.

qui pouvait lui servir, l'anglais l'a pris; semblable à l'abeille, il a moissonné sur toutes les fleurs. Mais ces richesses, il a su se les approprier, en donnant généralement à chaque mot quelque chose de lui, de son essence. Quelquefois, mais rarement, il a mis devant le nom la particule *un*, équivalent de *in*; et, d'après *unworthy*, il a formé *uncertain*.

Mais le plus souvent c'est la terminaison qu'il leur a donnée; et pour obtenir une liberté dont il voulait user (*licentia sumpta pudenter*[1]), il a pris lui-même des terminaisons étrangères, et les a adaptées à des mots saxons; telles sont *able, age, ance, cry, ible, ical, ity, ize, ment, ous*, au moyen desquelles il a fait *utterable, bondage, burial, riddance, fishery, praisible, whimsical, oddity, atonement, burdenous, righteous*, etc.

Mais les mots dont il s'est ainsi enrichi, ne sont rien en comparaison de ceux auxquels il a donné des terminaisons, dont les principales sont *dom, full, hood, ish, less, by, man, ness, ship, some*, etc. Les appliquant à des mots étrangers, il en a fait d'autres, qui ont une couleur nationale, tels que *dukedom, bountiful, falsehood, feverish, graceless, really, countryman, neatness, apprenticeship, quarrelsome*. Ainsi, prenant le mot simple *use*, il en fait un substantif et un verbe : *The use* et *to use;* puis *useful;* puis *useless, usefully, uselessly, usefulness, uselessness*. Comme il avait fait un verbe du pronom

[1] *Horatii ars Poetica*, vers. 51.

thou : *Why dost thou thou me thus ?* il a pris jusqu'à des adverbes dont il a fait des verbes, et a dit, en parlant d'un auteur : *He has been encored. It neared and neared* [1].

Il est donc résulté de cette opération, une multitude de mots, qui se sont en quelque sorte trouvés ainsi naturalisés dans la langue anglaise. D'un autre côté, si l'on songe aux 13.330 mots anglo-saxons, etc., à l'aide desquels seuls elle pourrait encore presque exister, tandis qu'elle ne serait pas même capable d'unir deux noms ou deux verbes entre eux, avec les seuls matériaux qu'elle doit à la conquête ou aux langues savantes, on se rapprochera, sans toutefois la partager entièrement, de l'opinion d'un littérateur français justement célèbre, qui a dit : « La langue anglaise est encore aujourd'hui une langue tout-à-fait teutonique [2]. »

[1] Coleridge, *Marriner*.
[2] M. Villemain, *Cours de littérature de 1830*.

Vu et lu, à Paris, en Sorbonne, le 28 juillet 1840.

Par le Doyen de la Faculté des Lettres de Paris,

J. VICT. LE CLERC.

PERMIS D'IMPRIMER.
L'inspecteur général des études chargé de l'administration de l'Académie de Paris,

ROUSSELLE.

QUESTIONS.

N° I. — Pendant les quatre siècles que le franco-normand et l'anglo-saxon ont été usités concurremment en Angleterre, les Anglais, quoique beaucoup plus nombreux, ont montré plus d'empressement que les Normands à apprendre la langue rivale.

N° II. — Le franco-normand a fait peu de progrès en Angleterre; et, dès le XIII° siècle, il a commencé à se corrompre dans sa prononciation, son orthographe et ses règles de syntaxe. Les mots anglo-saxons qu'il adopte plus tard augmentent cette corruption, et achèvent de le dénaturer.

N° III. — La corruption de l'anglo-saxon a commencé peu de temps après la conquête de l'Angleterre, et elle s'est manifestée par la perte successive de la plupart des formes grammaticales de cette langue, et l'introduction de mots étrangers dans son vocabulaire.

N° IV. — Hickes, Sh. Turner et Meidinger ont suivi un mauvais système pour reconnaître le nombre des mots étrangers introduits dans l'anglais; et, quoi qu'ils aient dit, le nombre des mots teutoniques de cette langue est à peine d'un tiers.

N° V. — Mais ces mots sont les plus utiles de la langue, et ils pourraient presque seuls la faire subsister; tandis que les mots étrangers qu'elle contient, ne sont guère que des noms, des adjectifs et des verbes, qu'elle a même souvent marqués d'un cachet qui lui est propre.

N° VI. — Les deux éléments qui composent l'anglais actuel, sont, en général, bien distincts; l'élément anglo-saxon exprime plus particulièrement les besoins et le bien-être du peuple : et l'élément étranger, les agréments et les jouissances de la haute société.

TABLE DES MATIÈRES.